R.E.I. Editions

Tutti i nostri ebook possono essere letti sui seguenti dispositivi:
- Computer
- eReader
- iOS
- Android
- Blackberry
- Windows
- Tablet
- Cellulare

French Academy

Svadhishtana

Il Secondo chakra

ISBN: 978-2-37297-2703

Pubblicazione: marzo 2016
Nuova edizione aggiornata: gennaio 2023
Copyright © 2016 - 2023 R.E.I. Editions
www.rei-editions.com

Piano dell'opera

1 - Muladhara - Il Primo Chakra

2 - Svadhishtana - Il secondo Chakra

3 - Manipura - Il Terzo Chakra

4 - Anahata - Il Quarto Chakra

5 - Vishuddha - Il Quinto Chakra

6 - Ajna - Il Sesto Chakra

7 - Sahasrara - Il Settimo Chakra

French Academy

Svadhishtana
Il Secondo Chakra

R.E.I. Editions

Indice

Il sistema dei chakra 11

Svadhishtana - Secondo Chakra 15

Come attivare il 2° chakra 21

Colore del secondo chakra 22

Oli essenziali associati al secondo chakra 25

    Sandalo 26

    Gelsomino 29

    Bergamotto 33

    Petit Grain 36

    Mirra 39

    Ylang Ylang 42

    Neroli 46

    Issopo 50

    Rosa 53

Fiori Himalayani associati al secondo chakra 58

    Well Being 60

Fiori Californiani associati al secondo chakra 62

    Basil 64

    Calla Lily 65

    Easter Lily 66

    Hibiscus 68

    Sticky Monkeyflower 69

Fiori Australiani associati al secondo chakra 71

    Flannel Flower 73

    She Oak 75

Fiori di Bach associati al secondo chakra 77

    Rock Rose 79

    Mimulus 81

    Cherry Plum 82

    Aspen 83

    Red Chestnut 84

    Rescue Remedy 85

    Star of Bethlehem 87

Numero del secondo chakra 88

Esercizi fisici 92

Pietre consigliate per il 2° Chakra 96

    Corallo 98

    Corniola 100

    Occhio di tigre 102

    Giada 105

    Eliotropio 107

    Selenite 108

    Aragonite 110

    Pietra del sole 112

    Topazio 114

Il sistema dei chakra

Con la parola Chakra si vogliono indicare i sette centri di base di energia nel corpo umano. I chakra sono centri di energia psichica sottile situati lungo la colonna vertebrale. Ciascuno di questi centri è connesso, a livello di energie sottili, ai gangli principali dei nervi che si ramificano dalla colonna vertebrale. In più i chakra sono correlati ai livelli della coscienza, agli elementi archetipici, alle fasi inerenti lo sviluppo della vita, ai colori, che sono strettamente legati ai Chakra, perché si trovano all'esterno del nostro corpo, ma all'interno dell'aura, vale a dire il campo elettromagnetico che avvolge ciascuna persona, ai suoni, alle funzioni del corpo e a molto, molto altro. La dottrina orientale che ne ha diffuso la conoscenza nel mondo occidentale considera i Chakra come aperture, porte di accesso all'essenza del corpo umano.

I chakra sono solitamente rappresentati dentro a un fiore di loto, con un numero variabile di petali aperti. I petali aperti rappresentano il chakra nella sua piena apertura. Su ogni petalo è scritta una delle cinquanta lettere dell'alfabeto sanscrito, le quali, sono considerate lettere sacre, quindi, espressione divina. Ciascuna di esse esprime, inoltre, una diversa attività dell'essere umano, un suo diverso stato, sia manifesto, sia ancora potenziale. Ogni chakra risuona su una frequenza diversa che corrisponde ai colori dell'arcobaleno.

I sette Chakra principali corrispondono, inoltre, alle sette ghiandole principali del nostro sistema endocrino.

La loro funzione principale è quella di assorbire l'Energia Universale, metabolizzarla, scomporla e convogliarla lungo i canali energetici fino al sistema nervoso, alimentare le aure e rilasciare energia all'esterno. Ciascuno dei sette centri ha sia una componente (solitamente dominante) anteriore sia una componente (solitamente meno dominante) posteriore, che sono collegati intimamente, fatta però eccezione per il primo e il settimo, che, invece, sono singoli.

Dal Secondo al quinto, l'aspetto anteriore si relaziona con i sentimenti e con le emozioni, mentre quello posteriore con la volontà. Per quanto riguarda il sesto anteriore e posteriore, e il settimo, la correlazione è con la mente e la ragione. Il primo e il settimo hanno, inoltre, l'importantissima funzione di collegamento per l'essere umano: essendo i Chakra più esterni del canale energetico, essi hanno la caratteristica di porre in relazione l'uomo con l'Universo da un lato e con la Terra dall'altro. Il perfetto funzionamento del sistema energetico è sinonimo di buona salute.

Ogni centro sovraintende a determinati organi, e ha particolari funzioni a livello emotivo, psichico e spirituale.

Tra i sette fondamentali, esistono delle precise affinità.

- Primo con Settimo: Energia di base con Energia spirituale.
- Secondo con Sesto: Energia del sentire a livello materiale con Energia del sentire a livello extrasensoriale.

- Terzo con Quinto: Energia della mente operativa e del potere personale con Energia della mente superiore e della comunicazione.
- Quarto: ponte tra i tre superiori ed i tre inferiori e fucina alchemica della trasformazione.

A ogni Chakra è associato un colore, che corrisponde e deriva dalla frequenza e dalla vibrazione del centro stesso. Inoltre a ogni Chakra corrisponde un mantra, il suono di una nota musicale e, in alcuni casi, anche un elemento naturale, un pianeta o un segno zodiacale.
Poiché il sistema dei chakra è il centro d'elaborazione principale per ogni funzione del nostro essere, il bloccaggio o un'insufficienza energetica nei chakra provoca solitamente disordini nel corpo, nella mente o nello spirito. Un difetto nel flusso di energia che attraversa un dato chakra, provocherà un difetto nell'energia fornita alle parti connesse del corpo fisico, così come interesserà tutti i livelli dell'essere.
Ciò perché un campo di energia è un'entità Olistica; ogni parte di esso interessa ogni altra parte.
Gli oli essenziali sono in grado di sintonizzarsi con i chakra specifici: il loro profumo e la loro vibrazione ci mettono dolcemente in contatto profondo con i nostri centri energetici.
Il massaggio con specifici oli essenziali sui punti corrispondenti ai chakra, attiva ed equilibra la loro azione, armonizzando e rinforzando l'intero organismo.
Partendo dal basso, i sette chakra sono:
- 1° = Muladhara
- 2° = Swadhisthana

- 3° = Manipura
- 4° = Anahata
- 5° = Vhishuddhi
- 6° = Ajna
- 7° = Sahasrara

Ciascuno dei sette chakra, inoltre, viene a rappresentare un'area importante della salute psichica umana, che possiamo brevemente riassumere come:
1. Sopravvivenza
2. Sessualità
3. Forza
4. Amore
5. Comunicazione
6. Intuizione
7. Cognizione.

Metaforicamente i chakra sono in relazione ai seguenti elementi archetipici:
1. Terra
2. Acqua
3. Fuoco
4. Aria
5. Suono
6. Luce
7. Pensiero

Svadhishtana - Secondo Chakra

Il secondo chakra è detto chakra sacrale, centro della croce. Ha come simbolo il loto arancio a sei petali; su questi petali sono inscritte le lettere Bam, Bham, Mam, Yam, Ram e Lam dell'alfabeto sanscrito. Si colloca nel basso ventre, poco al disopra del pube, in corrispondenza dell'osso sacro (tre dita sotto l'ombelico in prossimità del plesso sacrale). Il secondo è il chakra della prosecuzione della specie e, quindi, della riproduzione e per conseguenza logica è la fonte dell'energia e del piacere sessuale. Il suo simbolo è la falce di luna rivolta verso l'alto. La parola chiave è "Io Sento", il sentire corporeo delle sensazioni, piacevoli o spiacevoli che siano. Si sviluppa da circa il settimo anno di età fino a circa il quattordicesimo. Nelle donne gira in senso orario, negli uomini in senso antiorario. Il secondo chakra è associato al corpo emotivo, all'elemento acqua, al gusto (lingua) e all'azione (mani). Le ghiandole da esso controllate sono le gonadi (ovaie e testicoli).

La sua funzione è legata al desiderio, al piacere, alla sessualità, alla procreazione, alla capacità di provare emozioni primordiali non mentali. Gli organi collegati con il secondo Chakra sono: intestino, vescica, utero, ovaie, prostata. I reni sono proprio il simbolo della paura.

Le disfunzioni del secondo Chakra provocano a livello fisico impotenza, frigidità, patologie dell'apparato genitale, anche a livello lesionale (fibromi, adenomi prostatici), dell'apparato urinario e rigidità lombosacrale. Dal punto di vista psicologico un secondo Chakra scompensato comporta mancanza di autostima, fobie, panico e ansietà.

Dal punto di vista emozionale, lo squilibrio di questo Chakra può condurre alla ricerca ossessiva del piacere, anche e soprattutto a livello sessuale sino all'aberrazione, qualora sia iperfunzionante, ma anche a una totale chiusura nei confronti della sessualità della vita, generando una sorta d'anestesia della capacità di provare gioia non intellettuale, qualora sia invece ipofunzionante.

Questo Chakra si riscontra spesso scompensato nei soggetti di sesso femminile (si tenga presente che la polarità propria di questo Chakra, come quella di tutti i Chakra pari, è Yin).

Il secondo Chakra indica la nostra parte emozionale, le nostre paure, le cose che ci hanno spaventato, che ci paralizzano. É il primo passo dell'energia verso la smaterializzazione.

Vale sempre la pena di ricordare, che i quattro principi alchemici sono in fondo i quattro principi dell'energia:

- **1° principio**: nell'uno è il tutto, cioè nella mia cellula avviene la stessa cosa che avviene nella cellula della galassia.
- **2° principio**: la materia è la parte invisibile dell'invisibile, cioè quello che noi vediamo materializzato, è la parte che noi abbiamo reso tangibile rispetto all'omologa energia invisibile.
- **3° principio**: come in alto così in basso e viceversa, cioè lo Yin e lo Yang, il bianco e il nero, il giorno e la notte, la luce e il buio, ovvero quello che avviene ad un livello avviene anche all'altro livello.
- **4° principio**: la natura è costantemente rinnovata dal fuoco, vale a dire che solo nella fede quello che ti brucia dentro ti permette di rinnovare la tua vita.

Agendo sul secondo chakra si arriva a quello che viene comunemente definito come processo di autoguarigione.

Una volta equilibrato, la sua energia positiva si espanderà di conseguenza a tutti gli altri chakra. Si tratta, dunque, di un chakra molto importante (come peraltro lo sono gli altri), la cui corretta attività consente all'essere umano di apprezzare la vita e, quindi, renderla in un certo senso più facile e molto gradevole – e non solo con l'altra metà del cielo – o al contrario, in caso di flusso non corretto, trasformarla in un piccolo ma molto efficiente inferno personale che finisce per riflettersi anche su coloro che sono vicini: moglie, marito, compagna e compagno, figli, genitori.

Questo centro sottile gravita attorno al Nabhi, come un satellite, delimitando così la regione del Void. E' il solo chakra mobile.

E' descritto come un centro molto energetico, soprattutto nell'uomo che durante l'orgasmo emetterebbe con lo sperma una grande quantità di energia (in Cina l'eiaculazione viene anche chiamata "piccola morte").

La divinità preposta è Varuna, la sua energia vitale o Shakti è Sarasvati. È localizzato dentro la sushumna alla base dell'organo genitale.

L'elemento correlato è l'acqua, rappresentata da un bianco mandala circolare nel quale spicca una falce lunare inscritta tra due fiori di loto.

La caratteristica principale di questo chakra è la fluidità e la concentrazione operata su svadhishthana favorisce l'azione rinfrescante. Il bijamantra è «vam», cioè la lettera «va» nasalizzata, ovvero pronunciata facendola risuonare nel naso. E' il bijamantra del dio Varuna, signore del cielo nel periodo più antico della civiltà indù, quello incentrato sulle sacre raccolte dei Veda, e quindi dio dell'oceano in tempi più recenti. Il bijamantra viene visualizzato come una divinità con in mano un laccio, di colore bianco, sul makara, un mitico mostro marino, cavalcatura di Varuna e della dea Ganga, il fiume Gange. Nel puntino che viene posto sulla lettera dell'alfabeto sanscrito per nasalizzarla è inscritta un'altra divinità, Hari, ovvero il dio Vishnu, signore della conservazione della vita, qui rappresentato come un adolescente di incarnato blu con una veste giallo oro, dotato di quattro braccia nelle cui mani vi sono la mazza, la conchiglia, il disco affilato e il loto, con un ricciolo di peli sul petto che simboleggia la natura e una gemma sul cuore che simboleggia le anime. La sua cavalcatura è Garuda, l'avvoltoio dalle fattezze umane.

La Shakti, l'energia cosmica femminile, qui si proietta come Rakini, terrificante dea su un loto rosso, in aspetto furente, come sottolineano le zanne evidenti, ed ebbra d'ambrosia, d'incarnato blu, con tre occhi e quattro braccia nelle cui mani vi sono una lancia, un loto, un tamburello e un'ascia affilata. E' ghiotta di riso ed è associata al sangue, uno dei sette componenti che la medicina tradizionale indiana ritiene costituire il corpo.

Le figure geometriche sono ulteriormente specificate nel loro significato da altri simboli: l'elemento di svadhishthana è l'acqua, raffigurata come acqua notturna illuminata da un quarto di luna e animata da un essere mitico composto in cui vi sono anche pesce e coccodrillo.

L'acqua, come già si è visto, è in tutti i miti «il grembo primordiale della vita» che tutto può generare (o distruggere). Così notturna, da un punto di vista psicologico, è simbolo di un femminile inconscio e terrifico che minaccia di prevalere o ancora prevale sullo sviluppo cosciente. Anche la luna è un diffusissimo simbolo del femminile nella sua accezione notturna, oscura, e quindi psicologicamente parlando, inconscia.

Infine la «bestia», mezzo pesce e mezzo coccodrillo, mentre da un lato suggerisce un passaggio dall'acqua all'aria e quindi uno sviluppo verso uno stadio evolutivo superiore, dall'altro nel coccodrillo, conferma la natura pericolosa e terrifica del potere contenuto nel chakra.

Il colore di questo chakra è l'arancione.

E' possibile notare che i processi germinativi avvengono in una oscurità appena illuminata da un tenue fuoco. C'è qui, quindi, più calore che nel chakra precedente, perché la vita ha bisogno di un po' di «fuoco», ma ce n'è meno che nel chakra successivo perché troppo fuoco «brucia». Lo sviluppo della vita ha bisogno, infatti, di una tiepida umidità.

Come attivare il 2° chakra

- Entrate in contatto con l'elemento acqua, andate a nuotare regolarmente e fate in tutta tranquillità dei piacevoli bagni caldi.
- Indossate capi d'abbigliamento arancioni o abbellite il vostro appartamento con tessuti e colori arancioni.
- Bevete a sufficienza, almeno due litri di liquidi al giorno sotto forma di acqua e tè alle erbe.
- Passeggiate lungo la spiaggia, lungo un fiume o torrente, andate al lago.
- Contemplate il chiarore della luna nelle notti di plenilunio. Toccate l'acqua, bagnatevi nelle acque limpide, soffermatevi sulle rive di un torrente, bevete direttamente dalla fonte di un ruscello e seguite i giochi dell'acqua tra i sassi.
- La vocale "O" stimola l'energia del chakra; sedete con la schiena eretta e inspirate attraverso il naso facendo risuonare, espirando, una "O" chiusa. Eseguite l'esercizio per circa 5 minuti al giorno.
- Ascoltate musica orientale o la "fluida" musica di Bach e Vivaldi.
- Accendere incensi con vibrazioni armoniche del secondo chakra.
- Utilizzare la cristalloterapia con le pietre adatte al secondo chakra.

Colore del secondo chakra

L'arancione è il colore del secondo chakra.
L'Arancione è un colore secondario che ha in sé la forza del rosso stemperata dalla luce del giallo. Nella cultura orientale, al colore arancione sono associate proprietà che favoriscono la concentrazione mentale. Per questa ragione i monaci buddisti indossano un saio di tale colore, che ha lo scopo di facilitare il distacco dalle passioni terrene e carnali. Viene universalmente ricondotto all'idea del Sole, e quindi, della vita, della procreazione e della felicità. Esso viene perciò sovente chiamato "Il raggio della salvezza".
A differenza del rosso, il colore Arancio "riscalda senza bruciare". E' il colore che stimola principalmente l'azione endocrina avendo un'azione equilibratrice anche nelle disfunzioni psicosomatiche. Non è più un colore collegato con i temperamenti opposti, quelli della passione, dell'amore o dell'odio, ma è paragonabile alla luce calda, accogliente e rassicurante del focolare tanto che, in ambienti illuminati con questo colore, si verifica che le persone riescano a comunicare meglio e in modo più intimo. L'Arancione ha le caratteristiche fondamentali per aiutare a uscire dallo stato emozionale della paura perché ha in sé il rosso che infonde forza e coraggio e il giallo che "illumina" le idee e stimola la mente razionale. Riesce a unire in sé il razionale (giallo) all'impulsivo (rosso).

La paura paralizza mentre l'incertezza e i dubbi bruciano inutilmente le nostre energie portandoci fuori dai veri obiettivi della nostra vita; quindi, anche se questi sentimenti in qualche modo ci frenano, ci imprigionano, un colore caldo aiuta il movimento e quindi dà il carburante e l'energia giusta per uscire da quell'emozione.

Le caratteristiche equilibrate nell'arancione, sono: movimenti aggraziati, intelligenza emotiva (parte destra del cervello), saper sperimentare il piacere, saper accudire se stessi e gli altri, capacità di cambiare. La scelta dell'arancione indica il bisogno di ricerca di esperienze intense, sotto ogni aspetto, da cui trarre e sperimentare nuove sensazioni piacevoli e conoscitive. Il rosso è la forza fisica-amore e il giallo la saggezza-conoscenza; uniti nell'arancione esprimono questa combinazione di caratteristiche. Sulla psiche induce serenità, entusiasmo, allegria, voglia di vivere, aumenta l'ottimismo.

Dal punto di vista psicologico un secondo Chakra scompensato comporta mancanza di autostima, fobie, panico e ansietà. Dal punto di vista emozionale, lo squilibrio di questo Chakra può condurre alla ricerca ossessiva del piacere, anche e soprattutto a livello sessuale sino all'aberrazione, qualora sia iperfunzionante, ma anche a una totale chiusura nei confronti della sessualità della vita, generando una sorta d'anestesia della capacità di provare gioia non intellettuale, qualora sia invece ipofunzionante.

Questo Chakra si riscontra spesso scompensato nei soggetti di sesso femminile (si tenga presente che la polarità propria di questo Chakra, come quella di tutti i Chakra pari, è Yin). Il secondo Chakra indica la nostra parte emozionale, le nostre paure, le cose che ci hanno spaventato, che ci paralizzano. É il primo passo dell'energia verso la smaterializzazione.

Ricordare che l'energia elettromagnetica dell'arancione è sulla stessa frequenza vibratoria della catena del DNA. Il colore arancione aiuta a eliminare gli shock e i blocchi all'apparato genitale, aiuta a richiudere i buchi che si formano nella parte sinistra dell'Aura.

La presenza di questo colore è in grado di modificare la persona ansiosa a livello psicologico perché la sua azione si riverbera sulle emozioni che sono alla base dei disturbi affettivi, dai quali traggono origine tutti i turbamenti che sorgono nella sfera dell'ansia, generica o fobica, oppure associata ad attacchi di panico, compulsioni e ossessioni.

Oli essenziali associati al secondo chakra

Sandalo, gelsomino, bergamotto, petit grain, mirra, ylang ylang, neroli, geranio, issopo e rosa attivano il secondo chakra.
Miscelare ogni singolo olio essenziale con un olio vettore, ad esempio olio di jojoba o di mandorle, nel rapporto di 2 gocce per cucchiaio di olio vettore, quindi 2 gocce ogni 10 ml di vettore. Essendo questo un "trattamento vibrazionale" una miscela molto diluita avrà un'azione più profonda e marcata. Massaggiare il chakra su cui si vuole lavorare con la miscela contenente l'olio essenziale scelto. Utilizzare poche gocce e applicarle lentamente con la punta delle dita e con un movimento circolare in senso orario. Mentre si massaggia il Chakra focalizzarsi sul risultato che si vuole ottenere, visualizzando l'energia armonica dell'olio mentre apre e riequilibra il chakra. Dopo il trattamento rimanere distesi e rilassati per un po', permettendo al Chakra di riequilibrarsi. Respirare profondamente e lentamente, cercando di liberare e svuotare la mente il più possibile.
In alternativa al massaggio, aggiungere qualche goccia dell'olio essenziale scelto per il trattamento al diffusore di essenze. Concentrarsi e focalizzarsi sulla propria intenzione terapeutica, visualizzare l'energia aromaterapica dell'olio essenziale, aprire e riequilibrare il chakra. Rilassarsi per almeno una mezz'ora.

Sandalo

Da 4.000 anni l'aroma dell'olio essenziale di sandalo è apprezzato, tanto da essere tradizionalmente usato nelle scuole di Yoga tantrico per aiutare a risvegliare Kundalini, l'energia sessuale. Una delle proprietà dell'olio di sandalo è che migliora nel tempo, cioè matura note particolari che lo rendono ancora più piacevole. Purtroppo l'uso sconsiderato di questi alberi per la vasta produzione di oli sia a scopo curativo che per la produzione di saponi e profumi, ha provocato una drastica diminuzione del numero di esemplari che ora vengono monitorati per evitarne la scomparsa. A livello fisico il sandalo è uno degli oli essenziali più delicati per la pelle: non irrita, ristabilisce la giusta idratazione e cicatrizza le piccole ferite. Per le sue proprietà antisettiche e decongestionanti è un toccasana per i problemi delle vie respiratorie.

1. Parte utilizzata - legno e radici.
2. Metodo di estrazione - distillazione in corrente di vapore.
3. Nota di Base: profumo legnoso, dolce, balsamico, intenso.

- **Afrodisiaco**

Trasforma l'energia sessuale elevandola sul piano spirituale. Riduce l'aggressività e gli istinti violenti, allenta l'esasperazione e libera l'energia sessuale bloccata.

I disturbi sessuali legati a stati depressivi vengono spesso risolti grazie all'uso di questo olio. Esso è, tuttavia, più adatto a persone attive, che non a soggetti flemmatici. Sebbene sia considerato da sempre un segnale potente e preciso dell'eros maschile, l'olio essenziale di sandalo emana una forza morbida e calda che avvolge uomini e donne con uguali benefici effetti. Agisce equilibrando la sessualità con lo spirito, promuovendo l'integrazione del sacro con il profano: per tale motivo viene impiegato nelle scuole di tantra yoga per trasformare le energie sessuali in energie spirituali. Non è dunque un afrodisiaco diretto, in quanto la sua azione è prevalentemente di tipo meditativo e rivolta verso l'interiorità: è indicato ai soggetti che vivono la sessualità in modo superficiale.

- **Armonizzante**

L'olio essenziale di sandalo riequilibra tutto il sistema energetico dei chakra calmando e facilitando lo sviluppo spirituale. Il suo pregio particolare consiste nel fatto che riesce a calmare il lavorio mentale che spesso distrae chi medita. Placando la parte razionale della mente, le consente di entrare negli stadi più profondi di meditazione. Questo è consigliabile quando ci si prepara a sostenere una seduta di guarigione e nell'auto-guarigione. Trasmette apertura di spirito, calore e comprensione. Riduce lo stress, calma l'aggressività, l'agitazione e la paura, indicato in caso d'insonnia.

Sostiene chi pratica lo yoga contro ansia e depressione, per ritrovare la serenità.

- **Bagno rilassante**

10 gocce di olio essenziale nell'acqua del bagno donano una piacevole sensazione di relax. Rimanere immersi per almeno 15 minuti. Alcuni genitori stimano molto il profumo dell'olio essenziale di sandalo diluito in un olio di base oppure nella vasca da bagno nel caso di problemi con bambini iperattivi, caparbi oppure per tranquillizzare gli adolescenti ribelli.

- **Doccia**

Mettere 3-4 gocce su un guanto di spugna bagnato e massaggiare delicatamente tutto il corpo.

- **Controindicazioni**

L'olio essenziale di sandalo non irrita, non da sensibilizzazione e non è tossico. E' bene prestare attenzione a non utilizzarlo in caso di patologie renali gravi e per periodi non superiori alle 6 settimane. Controindicato in gravidanza e allattamento.
Al momento dell'acquisto è richiesta particolare cautela in quanto è spesso "tagliato" con essenze di qualità inferiore, come, ad esempio, l'olio essenziale di sandalo australiano.

Gelsomino

E' considerato uno degli oli più pregiati e delicati, al pari dell'olio essenziale di rosa, e sicuramente anche tra i più costosi, per il fatto che per ottenere 1 litro di olio essenziale di gelsomino ci vogliono circa 8.000 fiori. Considerato dagli Arabi il re dei fiori, il gelsomino è citato, insieme alla rosa, come fiore dell'amore e dell'affettività, simbolo del femminile per eccellenza. Una leggenda racconta che i gelsomini sono stelle precipitate sulla terra; sprigionano il loro massimo profumo di notte e sono per questo legati ai due "pianeti" notturni per eccellenza, la Luna e Venere. Questi astri governano l'equilibrio dell'organismo femminile nei suoi due aspetti psico-emotivo e riproduttivo. Per questo suo doppio potere, non deve mancare a chi voglia vivere una completa armonia tra mente e corpo.

Ha fatto la sua comparsa nel nostro Paese nel XV secolo, portato dai Turchi; nel resto del continente europeo arrivò invece nel XVI secolo grazie al famoso navigatore portoghese Vasco de Gama che portò in patria alcune specie trovate nelle Indie orientali. La grandissima diffusione del gelsomino risale però al XVII secolo.

Nella medicina popolare, si narra che il potere del gelsomino sia tale da estirpare invidia e gelosia alle persone che ne soffrono; ancora, secondo la tradizione, il gelsomino aiuterebbe ad assumersi le proprie responsabilità e a divenire consapevoli di come si agisce e ci si comporta. La macerazione dei fiori nell'olio è eccellente se frizionata contro i dolori da infiammazione nervosa.

- Parte utilizzata - fiori o estrazione con solvente.
- Metodo di estrazione - enfleurage o estrazione con solvente.
- Nota di cuore, profumo molto intenso, floreale e sensuale.

Afrodisiaco

Se inalato, stimola la fantasia erotica e aiuta ravvivare la sensualità, le emozioni, l'amore, la compassione. Per questo motivo è indicato per frigidità e calo della libido. A livello psichico, stimola la dedizione all'amore e permette di elaborare sentimenti repressi, riportando pace e serenità. Allevia l'ansia di origine sessuale, dissolvendo le paure in chi ha difficoltà emozionali e blocchi inerenti la sfera della sessualità. Ci fa apprezzare la bellezza.

Euforizzante

Se inalato rafforza il carattere, stimola la volontà, e potenzia l'autostima, rendendolo più equilibrati e sereni. L'olio essenziale di gelsomino è indicato in caso di angoscia e crisi psichiche e depressione, in quanto vince il pessimismo, aiutando a superare l'inerzia e l'apatia.

Sembra, infatti, che il gelsomino sia in grado di indurre ottimismo ed euforia, in quanto stimola di endorfine per alzare il tono dell'umore, rilassare i nervi, donando fiducia e felicità. Il suo aroma esercita un vero e proprio effetto antidepressivo stimolando il rilascio di molecole come la serotonina, che favorisce il buonumore.

Riequilibrante

Massaggiato sulla zona lombare e addominale, a partire da una settimana prima del ciclo, stimola le mestruazioni troppo scarse, agevolando il flusso sanguigno nella zona; contrasta i fastidi della sindrome premestruale (cattivo umore, tensione, cefalea) e, durante il ciclo, allevia gli spasmi uterini, sciogliendo le tensioni nella zona pelvica. Per questa azione miorilassante viene efficacemente impiegato anche per facilitare il parto.

Bagno rilassante

10 gocce in una vasca d'acqua svolge un'azione armonizzante, per alleviare tensione nervosa, irritabilità, sindrome pre-mestruale, e permette di elaborare sentimenti repressi. I benefici sulla pelle possono venire incrementati associando al gelsomino la lavanda e il sandalo, e un cucchiaio di olio di mandorle dolci. Per un bagno afrodisiaco lussuoso: 2 gocce di essenza di gelsomino con 3 gocce di essenza di sandalo e 2 gocce di essenza di rosa diluiti in un cucchiaio di panna.

Controindicazioni

L'olio essenziale di gelsomino se utilizzato per via esterna è atossico, non irrita e non causa sensibilizzazione. Data la sua concentrazione, si consiglia di non assumerlo per via interna, poiché potrebbero essere presenti residui tossici dovuti ai solventi utilizzati per l'estrazione.

Bergamotto

Alcune leggende lo vedono originario delle isole Canarie, da cui sarebbe stato importato per opera di Cristoforo Colombo, altre fonti propendono per Cina, Grecia, o dalla città di Berga in Spagna. Una di queste leggende narra la storia del moro di Spagna, che vendette un ramo, per diciotto scudi, ai signori Valentino di Reggio Calabria, i quali lo innestarono su un arancio amaro, in un loro possedimento nella contrada "Santa Caterina".

In questa provincia il bergamotto ha uno dei suoi migliori habitat: in nessun'altra parte del mondo vi è un luogo in cui questo agrume fruttifichi con la stessa resa e qualità di essenza.

Il Bergamotto è un agrume che deriva probabilmente da un incrocio fra arancio amaro e limetta acida, anche se molti lo ritengono una specie vera e propria denominata Citrus bergamia Risso (di origine cinese).

La sua presenza in Calabria è presumibile tra il XIV ed il XVI secolo. Nel 1750 sarebbe stato impiantato intorno il primo "bergamotteto". Il 90% della produzione totale di bergamotto arriva dalla Calabria. Trova impiego nel combattere lo stress e per ridurre gli stati di agitazione, confusione, depressione e paura, riportando ottimismo e serenità.

Se inalato, induce uno stato d'animo gioioso e dinamico, eliminando i blocchi psicologici.

Rende capaci di dare e ricevere amore, di irradiare felicità intorno a sé e curare gli altri.

Aggiungere 8 gocce a 30-40 ml di olio di jojoba o mandorle dolci e massaggiare delicatamente, con movimenti circolari, le tempie oppure, in alternativa, due gocce sul fazzoletto, da inalare al bisogno.

Come calmante, agisce sul sistema nervoso contrastando gli stati d'ansia, è un efficace rimedio in caso di insonnia, perché rilassa, conciliando il sonno.

- Parte utilizzata - buccia del frutto quasi maturo.
- Metodo di estrazione - spremitura a freddo.
- Nota di testa: profumo tenue, fresco, fruttato e leggermente balsamico.

Antidepressivo

In aromaterapia trova impiego nel combattere lo stress e per ridurre gli stati di agitazione, confusione, depressione e paura, riportando ottimismo e serenità. Se inalato, induce uno stato d'animo gioioso e dinamico, eliminando i blocchi psicologici.

Rende capaci di dare e ricevere amore, di irradiare felicità intorno a sé e curare gli altri.

Aggiungere 8 gocce a 30-40 ml di olio di jojoba o mandorle dolci e massaggiare delicatamente, con movimenti circolari, le tempie oppure, in alternativa, due gocce sul fazzoletto, da inalare al bisogno.

Calmante

Agisce sul sistema nervoso contrastando gli stati d'ansia, è un efficace rimedio in caso di insonnia, perché rilassa, conciliando il sonno.

Controindicazioni

L'olio essenziale di bergamotto è molto pregiato e, quindi, facilmente soggetto a contraffazioni; viene tagliato con essenze sintetiche o di scarsa qualità.
E' importante che la scelta cada su prodotti di qualità che ripagano in termini di benefici, l'olio deve essere purissimo. L'olio essenziale di bergamotto non deve mai essere usato puro perché molto concentrato e può essere troppo aggressivo a causa della presenza di terpeni. La sua efficacia si esalta se diluito in una sostanza vettore, a una concentrazione mai superiore all'1% (circa 3 o 4 gocce per 100 ml).
L'olio essenziale di bergamotto è fototossico, per cui se applicato sulla pelle evitare esposizioni solari. Le furocumarine, come il bergaptene, causano sulla cute sensibilizzazione e pigmentazione, in seguito a esposizione a luce solare diretta.
E' pertanto necessaria precauzione se l'olio si applica sulla cute. A parte ciò l'olio essenziale di bergamotto è atossico e non irritante. Non usare in gravidanza, allattamento e in bambini piccoli.
L'olio essenziale di bergamotto deve essere protetto dalla luce solare, perché il bergaptene, uno dei suoi componenti, diventa tossico se esposto alla luce solare.

Petit Grain

Dalla pianta dell'arancio amaro si ottengono tre tipi diversi di oli essenziali, a seconda della parte fresca (droga) utilizzata:
- Dai fiori si ricava il Neroli con il metodo dell'enfleurage.
- Dalla buccia mediante spremitura meccanica otterremo l'olio essenziale di arancio amaro.
- Dalle foglie fresche e dai giovani ramoscelli si distilla il Petit grain, che un tempo si estraeva dai semi, oggi non più usati, e che ha un profumo più acuto del Neroli.

L'olio essenziale di petit grain ha notevoli effetti rilassanti, e un'azione riequilibrante sul sistema nervoso. Come le altre essenze estratte dalla pianta dell'arancio migliora il tono dell'umore, ma ha effetti positivi anche sulla memoria.
Contrasta il nervosismo, l'ansia e lo stress, e favorisce il sonno. È consigliato per calmare gli attacchi di panico.
È un ottimo digestivo e un valido aiuto in caso di indigestione. Eccellente deodorante, ha un'efficace azione antisettica.
I suoi effetti purificanti lo rendono molto indicato per combattere l'acne e le impurità della pelle.

- Parte utilizzata: foglie, rami e frutti acerbi.
- Metodo di estrazione: distillazione in corrente di vapore.
- Nota di cuore: profumo floreale, agrumato, con un sottofondo erbaceo, legnoso.

Riequilibrante del sistema nervoso

L'olio essenziale di Petit grain distende e rinfresca la mente in caso di mal di testa. Rilassa in presenza di irritabilità, nervosismo, tachicardia provocata dall'ansia, e insonnia. Ha un effetto addolcente sul cuore, allontana i pensieri negativi e tristi, la delusione. Calma la rabbia e gli attacchi di panico. Preparare un olio per massaggi aggiungendo a 2 cucchiai di olio di vinaccioli 5 gocce di petit grain.

Bagno rilassante

Versate 15 gocce nella acqua della vasca da bagno e immergetevi per 10 min per allentare nervosismo, irritabilità, stress. Contro i dolori muscolari, miscelare all'acqua calda nella vasca un preparato ottenuto aggiungendo a 3 cucchiai di panna dolce 5 gocce di olio essenziale di petit grain, 2 di cajeput e 3 di rosmarino. Al termine del bagno rilassarsi in ambiente caldo per un'ora.

Controindicazioni

Alle dosi consigliate, non presenta controindicazioni, eccetto in gravidanza e allattamento. Tenere fuori dalla portata dei bambini al di sotto dei 3 anni.

Mirra

Appartiene alla famiglia delle resine e, infatti, è associata all'incenso e all'oro, ricordando la leggenda dei Re magi e dei doni che portarono a Gesù, dopo la sua nascita. Le difficoltà di approvvigionamento e l'incetta commerciale la rendevano, infatti, un dono prezioso. Ne fanno menzione gli antichi libri di storia fino a più di 3.000 anni fa.

Da secoli è usata come componente dell'incenso a scopi religiosi. Gli Egizi la impiegavano, oltre che nei riti di adorazione del sole, anche nei processi di imbalsamazione, nelle miscele con altri oli essenziali. In Grecia antica la mirra era ampiamente utilizzata, fino a mescolarla con il vino e un episodio mitologico narra della sua origine, legandola a Mirra figlia del re di Cipro, che per aver avuto rapporti incestuosi col padre, venne trasformata da Afrodite, in un albero dalla resina profumata. Da questa unione dopo nove mesi la donna-albero diede alla luce Adone.

Da secoli si conoscono le sue virtù astringenti, disinfettanti e cicatrizzanti. Gli antichi usavano portare con sé in battaglia della pasta di mirra da spalmare sulle ferite. Le donne egiziane la utilizzavano in maschere per il viso contro le rughe, come tuttora fanno in Africa e nei paesi arabi. Gli israeliani mettono la mirra polverizzata direttamente sullo spazzolino da denti come pasta dentifricia.

Nella medicina tradizionale cinese è impiegata come rimedio curativo di piaghe ed emorroidi e nei problemi del ciclo mestruale, come l'amenorrea.
E' presente, al giorno d'oggi, in quasi tutte le farmacopee nazionali europee.

- Parte utilizzata: resinoide.
- Metodo di estrazione: distillazione in corrente di vapore.
- Nota di base: profumo caldo, speziato, amaro, balsamico.

Armonizzante

Questo olio è molto apprezzato in aromaterapia come sedativo, antidepressivo e come promotore di sentimenti spirituali. La mirra serve a equilibrare il mondo spirituale con quello materiale, dandoci forza e ottimismo, in modo particolare aiuta le persone che hanno paura di rivelare i loro sentimenti.
Rende umili e devoti, predisponendoci a ricevere energia e amore dagli altri. Aiuta a vincere la paura della morte e il dolore della separazione. Regina dei blocchi emozionali e della nostra incapacità di vivere spiritualmente, ci stimola soprattutto durante il sonno eliminando in noi tutti gli eccessi.

Controindicazioni

L'olio essenziale di mirra non è irritante, non provoca sensibilizzazione e a bassi dosaggi non è tossico. Usare con moderazione.

E' assolutamente da evitare il suo uso interno durante la gravidanza e l'allattamento. La mirra, in dosi elevate, può causare sudorazione, nausea, vomito e accelerazione del battito cardiaco.

Ylang Ylang

Conosciuto per le sue numerose proprietà, svolge un'azione calmante, ipotensiva e afrodisiaca, utile anche come tonico e astringente. In caso di tensione nervosa, stress, agitazione, pressione alta, palpitazioni e tachicardia, gli oli essenziali contenuti hanno effetto sedativo sul sistema nervoso e allo stesso tempo sono tonici e stimolanti della circolazione, con effetti ipotensivi. Per l'uso terapeutico è bene assicurarsi che la qualità dell'olio essenziale sia extra o di primo grado. Il nome ylang-ylang di origine tagalog, significa fiore dei fiori, o da ilang-ilan, ossia "non comune", riferibile all'aroma molto particolare. Le donne di quei luoghi usavano disciogliere qualche goccia nell'olio di cocco per proteggere pelle e capelli durante la stagione delle piogge. Già i coloni francesi la definirono "profumo afrodisiaco", perché veniva usato negli harem insieme ad altri oli essenziali.

- Fiore solo all'apparenza delicato, l'ylang-ylang viene chiamato anche «il gelsomino dei poveri» perché i suoi petali odorosi sono invece molto resistenti e consentono di effettuare fino a 6 distillazioni successive.

Con circa 60 kg di fiori si ottiene 1 kg di olio essenziale. I fiori freschi e delicati dell'albero di Ylang-Ylang vengono raccolti a mano la mattina presto e distillati entro poche ore. La distillazione dura all'incirca dalle 15 alle 20 ore.

Esistono 6 tipi di fragranze diverse in base ai tempi di distillazione:

- Ylang-Ylang Extra Superiéur - dopo un quarto d'ora.
- Ylang-Ylang Extra - dopo un ora.
- Ylang-Ylang I - dopo un'altra ora.
- Ylang-Ylang II - fino alla 6a ora.
- Ylang-Ylang III - fino alla 12a ora.
- Ylang-Ylang completa - alla fine della 20a ora.

Il prodotto della prima distillazione viene denominato ylang-ylang extra ed è comunemente usato in profumeria. Le distillazioni successive possiedono una qualità gradualmente inferiore.

La terza distillazione mantiene ancora una discreta quantità di profumo ed è impiegata in saponi e prodotti per l'igiene personale.

- Parte utilizzata: fiori.
- Metodo di estrazione: distillazione per corrente di vapore.
- Nota di cuore: profumo dolce, floreale, speziato. La forza inebriante dell'aroma ha un potente effetto liberatorio ed è, dunque, di grande aiuto nei problemi di repressione della femminilità, per allontanare incertezze, per dissolvere le delusioni e liberare i sentimenti bloccati. Calma, distende e rilassa.

Calmante

Se inalato svolge un'azione rilassante sul sistema nervoso, attenuandone i disturbi, come ansia, depressione, irritabilità, nervosismo e insonnia. L'olio essenziale di ylang ylang crea armonia in caso di contrasti, collera, rancore e frustrazione, perché favorisce la comprensione e il perdono, dissolve le delusioni e le offese, ripristina il desiderio di amare.

Ipotensivo

L'essenza è in grado di abbassare la pressione arteriosa e di attenuare i disturbi provocati sul sistema cardio-circolatorio dallo stress, come palpitazioni e tachicardia. Assumere 1 goccia di essenza due volte al giorno; inalazioni a secco con 1 goccia su di un fazzoletto da annusare più volte durante la giornata.

Afrodisiaco

E' un olio essenziale erotico, utile per risvegliare i sensi, in caso di frigidità, impotenza, e per chi non riesce a lasciarsi andare; allontana il dubbio, le insicurezze e i sentimenti bloccati.
È di grande aiuto nella femminilità repressa perché libera la gioia, la sensualità, l'euforia e la sicurezza interna.

Tonificante e astringente per la pelle

E' indicato in caso produzione eccessiva di sebo e acne; se diluito qualche goccia nel detergente per il viso, il derma recupera tono e luminosità. Se versato in piccole dosi, in olio di cocco o burro di Karitè, è un ottimo nutriente e protettivo per i capelli, soggetti a salsedine, vento e sole.

Bagno rilassante

10 gocce nell'acqua della vasca, emulsionare agitando forte l'acqua, quindi, immergersi per 20 minuti.
Dopo essere usciti, massaggiare tempie e fronte con 1 goccia di olio essenziale in mezzo cucchiaio di olio di albicocca. Doccia: 3-4 gocce su un guanto di spugna bagnato; massaggiare delicatamente tutto il corpo.

Controindicazioni

Solo per uso esterno. L'olio essenziale di ylang ylang è un olio ben tollerato ma valgono le regole del test sulla cute per accertare eventuali sensibilità individuali, evitare l'uso interno e in gravidanza, allattamento e su bambini piccoli. Per la sua profumazione intensa va usato con moderazione perché può provocare nausea e mal di testa. Essendo un'essenza molto intensa può causare allergie cutanee.

Neroli

L'olio essenziale di neroli è un olio vegetale prodotto per distillazione dei fiori di arancio amaro. Il suo profumo somiglia a quello del bergamotto. Profumo dolce del fiore e gusto amaro del frutto caratterizzano la varietà amara dell'arancio. L'olio essenziale di neroli è estratto dai fiori dell'arancio amaro che si differenzia dalla varietà dolce per le spine più lunghe, per il loro colore più scuro, il profumo più intenso delle foglie e dei fiori, la buccia più colorata e più ruvida del frutto, ma soprattutto per il particolare gusto amaro della polpa. Questo duplice aspetto si ritrova anche nell'amore e per questo motivo l'olio essenziale di neroli ne rappresenta da sempre il simbolo.

Conosciuto per le sue numerose proprietà, svolge un'azione calmante, riequilibrante e rigenerante, utile contro stress e dolori mestruali. Il profumo dell'olio essenziale di neroli è dolce, mieloso, dalle sfaccettature un po' metalliche e speziate. Si tratta di un profumo meno floreale rispetto a quello dei classici fiori d'arancio. Il Neroli fa parte degli oli essenziali costosi, perché ci vogliono una tonnellata di fiori d'arancio per ottenere un litro di essenza. Il neroli è uno dei pochi oli essenziali per i quali è stato provato scientificamente un aumento della produzione di serotonina nel cervello.

La serotonina è un neurotrasmettitore importante ed è in grado di alterare l'umore; infatti, quando è presente a livelli elevati, aumenta la nostra sensazione di serenità e di benessere.

E' una delle essenze floreali più utilizzata per la composizione di innumerevoli profumi. Tale fama deriva principalmente dal fatto che si amalgama bene con tutte le essenze agrumate e di nota floreale grazie alla sua predominanza lunare.

L'olio essenziale dei fiori di arancio amaro era la fragranza preferita di Annamaria di Tremoville, moglie di Flavio Orsini, conte del feudo di Nerola, nel Lazio del secondo '500. Le cronache narrano che la donna, di origine francese, portò l'amato olio essenziale nella sua terra natia, attribuendogli il nome di "Neroli", in memoria del borgo del marito. E' associato alla purezza e forse a causa del simbolismo che deriva dai fiori bianchi anticamente veniva impiegato per confezionare la coroncina che cingeva il capo delle spose durante le nozze, che serviva a un duplice scopo: simboleggiare la verginità e allentare la possibile preoccupazione e paura della penetrazione che poteva provare una giovane sposa nei confronti della prima notte di nozze.

- Parte utilizzata: fiori.
- Metodo di estrazione: enfleurage.
- Nota di cuore: profumo caldo, dolce, floreale.

Riequilibrante sul sistema nervoso

L'olio essenziale di neroli è indicato dopo fatiche mentali e tensioni psichiche, contro paura disturbi d'ansia, depressione e calma i pensieri in momenti di confusione. Porta la pace nel cuore, l'allegria e l'ottimismo consolante. Nelle afflizioni ci aiuta ad alleviarne il peso. Ci rafforza in situazioni in cui non vediamo vie d'uscita. Esercita un'efficace azione calmante in caso di turbe emotive, nervosismo, insonnia, ipertensione, tachicardia, stress.

Concilia il sonno ed è molto utile in caso di bambini sovraeccitati e che si addormentano con difficoltà. Applicare 2 gocce di olio essenziale di neroli (diluite, su pelli delicate, in un po' di olio di mandorle) a livello della superficie interna dei polsi e frizionarli con una certa energia l'uno contro l'altro, mentre si sollevano le braccia verso l'alto, per meglio inalarne l'aroma che si sprigiona, attraverso una profonda respirazione.

In caso di shock emotivi, paure, stress, diluire 3 gocce di olio essenziale in un cucchiaino di olio di mandorle e massaggiarne un po' sulla parte centrale dello sterno. In caso di depressione lieve, insonnia, ansia, fare un bagno aromatico versando su 3 manciate di sale marino integrale 8 gocce di olio essenziale di neroli e 8 gocce di olio essenziale di lavanda; aggiungere il mix all'acqua calda della vasca. In alternativa, ricevere un massaggio su tutta la schiena effettuato con olio di sesamo aromatizzato nelle seguenti proporzioni: per 50 ml di olio vegetale aggiungere 6 gocce di olio essenziale di neroli, 5 gocce di olio essenziale di geranio e 5 gocce di olio essenziale di mirra.

Questa essenza è paragonabile al "Rescue Remedy" nei fiori del Dott. Bach, in quanto ci aiuta a vincere paure, traumi, shock e depressioni.

Calmante

Utile nel trattamento dei disturbi psicosomatici a carico dell'apparato digerente (crampi, disturbi digestivi di origine nervosa, intestino irritabile, meteorismo), perché rilascia la muscolatura e libera dalla tensione nervosa. E' l'ideale per fare un massaggio distensivo e per massaggiare il ventre in caso di spasmi, cattiva digestione e dolori mestruali. Aggiungere a 100 ml di olio di mandorle dolci 15 gocce di neroli, si otterrà un olio per massaggi che elimina stress e tensioni muscolari.

Bagno rilassante

Miscelare nell'acqua della vasca 10 gocce di neroli, avendo cura di chiudere bene la porta e le finestre per conservare i vapori all'interno del bagno e poterli respirare.

Controindicazioni

Alle dosi consigliate, non presenta controindicazioni. Tenere fuori dalla portata dei bambini al di sotto dei 3 anni.

Issopo

Conosciuto per le sue numerose proprietà, svolge un'azione balsamica ed espettorante, utile contro tosse, asma e raffreddore. L'olio essenziale fatto con issopo aumenta la vigilanza ed è un adatto tonico per distendere i nervi delicatamente nell'esaurimento, nell'affaticamento da superlavoro, negli stati ansiosi e nella depressione nervosa. L'issopo è una di quelle erbe conosciute da tempi remoti, dai popoli più antichi, al punto che già nella Bibbia compare un riferimento come cura della lebbra. L'antica medicina popolare consigliava di berne il succo per espellere il feto morto, in caso di aborto.

Nel medioevo le sue proprietà benefiche a livello polmonare erano già riconosciute e nel IX secolo era impiegato per fumigazioni nella lotta alle epidemie di peste. Nel XVII secolo era utilizzato per la preparazione di uno sciroppo espettorante per combattere la tosse e diversi stati infettivi delle vie respiratorie. L'olio essenziale si estrae con il metodo della distillazione in corrente di vapore ottenendo un liquido giallo con profumo speziato.

Digestivo, carminativo, bechico, espettorante, l'olio essenziale di Issopo dà ottimi risultati per curare le malattie dell'apparato respiratorio, quali bronchite, tosse con catarro, influenza. Buoni risultati si ottengono inoltre per disturbi digestivi e aerofagia.

- Parte utilizzata: sommità fiorite.
- Metodo di estrazione: distillazione in corrente di vapore.
- Nota di Cuore: profumo aromatico, speziato, fresco balsamico.

Tonificante

L'olio essenziale di issopo, se inalato, dona sostegno in caso di disturbi emotivi come ansia e depressione, stimola il sistema nervoso ed è utile in caso di stanchezza psicofisica e stress.

Bagno rilassante

Versare 20 gocce di essenza di issopo nella vasca da bagno e immergetevi per 10 minuti, contro stanchezza e stati di esaurimento.

Controindicazioni

L'olio essenziale di Issopo non deve essere somministrato come tale, perché a dosi piccole (2 grammi) può indurre nausea, sensazione di malessere, turbe psichiche, convulsioni e in certi casi può rivelarsi anche letale.
L'impiego dell'Issopo è severamente controindicato in gravidanza, in allattamento e a tutti i bambini.
Vista la sua pericolosità, prima di utilizzare l'Issopo è bene chiedere un parere al proprio erborista di fiducia.

L'issopo non deve essere preso insieme a farmaci anticonvulsivi e in ogni caso, se si sta seguendo una terapia farmacologica, si raccomanda di consultare il medico prima di assumere questa pianta, che può modificare l'effetto terapeutico dei farmaci antidiabetici e immunodepressivi.

Alcune ricerche tendono a dimostrare che l'issopo è in grado di arrestare la proliferazione dell'HIV senza però danneggiare le cellule infettate.

Rosa

La rosa, fiore dalle proprietà eccezionali, è uno straordinario riequilibrante in grado di rinforzare il sistema nervoso, favorire la digestione e risvegliare la sessualità. Lo stress primaverile, che si presenta dopo mesi di lavoro, infierisce sulla salute dell'organismo, assorbendo le nostre energie e causando un abbassamento delle difese immunitarie.

L'olio essenziale di rosa riduce gli attacchi di ansia, la sensazione costante di tensione e agitazione generata dallo stress e le conseguenti manifestazioni somatiche. Conosciuto per le sue numerose proprietà, svolge un'azione equilibrante, lenitiva e armonizzante, utile per l'autostima e contro ansia e rughe. La rosa è l'archetipo del fiore e il simbolo dell'amore sia profano che divino.

Conosciuta da più di 3.000 anni, le civiltà antiche la usavano come ingrediente principale nella fabbricazione dei profumi e dei cosmetici insieme ad altri oli essenziali. Gli Arabi e i Berberi del Marocco hanno distillato e prodotto l'acqua di rose fin dal I secolo a. C e utilizzato l'infusione delle sue foglie per le proprietà antistress, toniche e antisettiche.

- La rosa è una delle essenze più difficili da distillare, perché occorrono dalle 4 alle 5 tonnellate di petali per ricavare 1 kg di olio essenziale. In una goccia di olio essenziale di rosa è presente quindi la fragranza di circa 30 rose; questa poca resa giustifica, purtroppo, il prezzo elevato del suo olio essenziale. L'olio essenziale di rosa è estratto dalla specie botanica Rosa damascena. Dato gli alti costi dell'olio essenziale di rosa, in commercio non mancano soluzioni già diluite.

La raccolta inizia da metà maggio a metà giugno, alle 4 del mattino e termina alle 9; dopo quest'ora, infatti, diventa troppo caldo, per cui le sottili parti volatili della rosa andrebbero parzialmente perse.
L'olio essenziale di rosa rientra tra quegli oli essenziali che, a temperatura ambiente, gelifica; diversamente, quando riscaldata, ritorna allo stato liquido. Questo ne determina anche l'evidenza della genuinità del vero olio essenziale di rosa.

- Parte utilizzata: petali dei fiori.
- Metodo di estrazione: estrazione in solvente.
- Nota di cuore: profumo floreale, morbido, delicato.

Armonizzante

Se inalato, apre e rafforza il cuore. L'olio essenziale di rosa rilassa l'anima e attiva la disposizione per tenerezza e amore, perché sviluppa la pazienza, la devozione e l'autostima. Dona gioia e scaccia i pensieri negativi, equilibrando emozioni negative provocate da collera, gelosia e stress.
Il profumo dell'essenza è un meraviglioso supporto sia psicologico sia fisico nella gravidanza: ottimo per

accompagnare le donne durante il parto e accogliere il nuovo arrivato con dolcezza e amore. In menopausa aiuta a lenire tristezza e depressione. In caso di depressione nervosa, assumere 2 gocce di essenza di rosa due volte al giorno.

Equilibrante del sistema ormonale femminile

Se massaggiato sul ventre, calma gli spasmi in caso di dolori mestruali e argina le emorragie. Indicato nei disturbi legati agli squilibri ormonali, l'ansia e l'irritabilità che caratterizzano la sindrome premestruale e la menopausa.
Per stimolare la funzionalità epatica, diluire 2 gocce in 1 cucchiaio di olio di mandorle dolci e massaggiare delicatamente la zona del fegato per qualche minuto senza premere, effettuando solo un leggero sfregamento circolare per far penetrare l'olio.

Antistress

4 gocce di olio essenziale di rosa diluite in un cucchiaio di olio di jojoba e applicate al centro della fronte, sotto il mento e intorno all'ombelico, con un messaggio circolare ripetuto tre volte: ecco un'ottima strategia per combattere lo stress. Per completare e amplificare l'effetto rilassante del messaggio, è possibile bere una tazza di tè alla rosa.

Tonificante

Contro l'astenia sessuale, utile per il massaggio di coppia o per un bagno rilassante con effetto afrodisiaco; è l'olio dell'amore e dell'erotismo, perché esalta la bellezza interiore e mitiga i conflitti infondendo pace e felicità. Preparare un olio da massaggio diluendo in 2 cucchiai di olio di mandorle dolci 2 gocce di olio essenziale di rosa e 2 di gelsomino.

Diffusione ambientale

1 goccia per ogni mq dell'ambiente in cui si diffonde, mediante bruciatore di oli essenziali, o negli umidificatori dei termosifoni.

Bagno aroma terapico

10 gocce di olio essenziale di rosa o, per un effetto ancor più rilassante, 3 gocce ciascuno degli oli essenziali di rosa, ylang-ylang e sandalo aggiunte all'acqua calda della vasca cancelleranno ansia, tensione e stress, e favoriranno il riposo notturno.

Olio per massaggi

In 200 ml di olio di mandorle dolci mettere 20 gocce di olio essenziale, massaggiare il corpo durante la gravidanza o in caso di smagliature e pelle secca.

Controindicazioni

Alle dosi consigliate, non presenta controindicazioni. Non adatto a bambini al di sotto dei 3 anni, in gravidanza e durante l'allattamento.

Fiori Himalayani associati al secondo chakra

I Fiori Himalayani Enhancers influiscono direttamente nei vari livelli d'energia controllati dai Chakra, rimovendo i sentimenti negativi e stimolando quelli positivi. I Fiori Himalayani Enhancers sono stati individuati da Tanmaya nel 1990, durante una sua permanenza durata alcuni mesi in una valle Himalayana. Il termine Enhancers significa catalizzatori, perché le essenze non sono solo rimedi volti a lavorare su emozioni e stati interiori negativi ma favoriscono anche processi di riequilibrio energetico e di sviluppo spirituale molto profondi per portare alle luce qualità sepolte all' interno della persona. Possono essere assunti puri da soli o diluiti insieme ai Fiori di Bach o ad altri Fiori. Le prime preparazioni di Tanmaya riguardarono nove combinazioni, sette direttamente collegati ai plessi, meglio noti col nome indiano di chakra più un catalizzatore generale e un fiore particolarmente indicato per i bambini; successivamente il loro numero si è moltiplicato con la scoperta di nuovi fiori, adatti a modulare emozioni specifiche.

Sono Fiori con un effetto molto rapido e potente, a differenza dei Fiori di Bach, che sono tra i più lenti e delicati; questa potenza a volte è molto utile, altre volte può rappresentare un rischio di eccessiva azione. Mentre i Fiori di Bach possono essere considerati rimedi principalmente emozionali, cioè volti al riequilibrio delle emozioni umane, i Fiori Himalayani, proprio grazie alla natura del terreno sul quale crescono, si rivolgono essenzialmente alla dimensione spirituale dell'uomo, stimolando il bisogno di preghiera, di meditazione e di connessione con il divino che dimora in lui.

Le essenze floreali himalayane sono estratti liquidi che contengono l'energia del fiore da somministrare generalmente per via orale, inoltre possono essere usate nell'acqua del bagno, nebulizzate sul corpo o nell'ambiente, oppure unite all'olio per il massaggio.

Well Being

Favorisce il rapporto con l'Hara, con il proprio centro. Stimola la creatività e coordina le emozioni. Il secondo Chakra è una riserva di energia e il centro per la trasformazione dell'energia di base. Well Being aiuta a dissolvere la rabbia accumulata, i traumi della nascita, la paura della morte, l'instabilità emotiva.

Capita, in certe situazioni della vita, di avere instabilità emotiva, mancanza di fiducia, ansia, paura della morte e dell'annientamento, di non sentirsi più bene nel posto in cui lo stavamo fino a poco tempo prima, in cui la nostra armonia col mondo sembra stridere. La paura della morte può diventare una fobia che condiziona la nostra vita, produce ansia, angoscia, instabilità, depressione, apatia e indifferenza, conseguenti alla perdita dell'autostima e della fiducia negli altri e nel mondo. Si tende a rimandare le cose, a essere di cattivo umore. Capita anche di avere difficoltà a far entrare qualcosa o qualcuno nella nostra vita, una relazione, denaro, un lavoro, un cambiamento, siamo presi dalle paure, dall'ansia.

Capita frequentemente di aver grosse difficoltà a lasciare andare il vecchio, il passato, ciò che oggettivamente non fa più parte della nostra vita e che ci ancora a un passato da cui facciamo fatica a staccarci: da una relazione finita, a oggetti che non fanno più parte del nostro presente, di amici che ormai non hanno più nulla a che fare con noi, di 58 abitudini. In tutti questi casi il nostro secondo chakra, sede del nostro Ki, centro di trasformazione dell'energia di base, è debole o alterato, presenta blocchi energetici. Si è spezzato l'equilibrio del rapporto tra mondo interiore e mondo esteriore.

Well Being aiuta a centrarsi, stimola la creatività e coordina le emozioni. Favorisce e stimola il potere personale, aiuta a riequilibrarsi intorno al proprio centro e a ritrovare l'equilibrio. La posologia di assunzione delle essenze, pure o diluite, e è di due gocce sotto la lingua più volte al giorno

Aiuta a regolare il flusso delle emozioni, a ritrovare l'armonia, ad avere un corretto rapporto con il passato e con il presente, con il lasciare andare e con l'accogliere. Il secondo chakra è una riserva d'energia e il centro per la trasformazione dell'energia di base. Aiuta a dissolvere la rabbia accumulata, i traumi della nascita, la paura della morte, l'instabilità emotiva.

Fiori Californiani associati al secondo chakra

I Fiori Californiani estendono i Fiori di Bach.
Richard Kats e Patricia Kaminski, fondatori della FES (Flower Essence Society), insieme al lavoro di altri ricercatori hanno scoperti più di 150 fiori a partire dal 1979. Lavorano su problematiche specifiche più moderne e attuali e che al tempo in cui Bach è vissuto non erano così preponderanti o non se ne parlava ancora come oggi: l'anoressia e la bulimia, i disturbi sessuali, le malattie derivate dall'inquinamento ambientale. E' possibile creare delle essenze composite unendo Fiori di Bach e Californiani, così come essenze di altri repertori floriterapici di altre parti del mondo. I rimedi floreali californiani si preparano nello stesso, semplice modo dei fiori di Bach, ponendo le corolle di fiori selvatici in una ciotola di vetro piena d'acqua di sorgente e lasciandoli in infusione al sole per qualche ora. Questo liquido, ricchissimo di forza vitale, viene poi filtrato, diluito in brandy e utilizzato per la preparazione delle cosiddette stock bottles (o concentrati).
La scelta delle essenze, come avviene per i fiori di Bach, é sempre personalizzata e in relazione allo stato d'animo e alle emozioni che si vogliono riequilibrare. Una volta scelto il rimedio o i rimedi indicati per il problema personale, si versano due gocce di ciscuno in una boccettina con contagocce da 30 ml., riempita con acqua minerale naturale e due cucchiaini di brandy come conservante.

Il dosaggio è di 4 gocce 4 volte al giorno, per un periodi di alcune settimane o comunque fino al miglioramento o alla scomparsa dei sintomi.

Essendo una cura del tutto naturale e priva di tossicità, non presentano alcuna controindicazione, non provocano effetti collaterali, possono essere combinati senza problemi sia ai farmaci tradizionali sia a quelli omeopatici (di cui sono considerati complementari) o ad altri rimedi floriterapici.

Basil

Per chi tende a separare la sessualità dalla spiritualità non ritenendo possibile poterle integrare, mentre in realtà sono diverse espressioni di una stessa energia. Tale problema è maggiormente evidente nelle relazioni in cui c'è un bisogno impellente di cercare rapporti sessuali al di fuori del rapporto di coppia. Questo può portare a conseguenze come cercare rapporti sessuali clandestini e fuori dalla coppia perché ritenuti peccaminosi.

Forte attrazione per la pornografia e per forme illecite di sessualità; nella lotta inconscia per riconciliare queste forze, l'anima spesso si arrende o viene irretito con attività sessuale degradante.

L'essenza aiuta a vivere la persona nella sua interezza, fatta di istinti e di spiritualità, come sacra. Rimedio utile per le persone tormentate da fissazioni, manie sessuali, blocchi o per le coppie che hanno problemi di intesa sessuale.

Calla Lily

Per coloro che hanno confusione mentale in merito alla propria identità sessuale. Per chi è nato di sesso diverso da ciò che desideravano i genitori.
Desiderio di appartenere all'altro sesso.
Il fiore fa accettare la propria identità sessuale.
E' l'essenza che permette di integrare le energie maschili e femminili, dissolve la confusione circa l'orientamento sessuale, consentendo un armonico sviluppo della personalità attraverso l'espressione chiara e serena della sessualità.
Inoltre è utile per quelle persone che non riescono ad adeguarsi alle convenzioni sociali relative alla sessualità, che vivono in modo conflittuale la tendenza omosessuale, oppure che non riescono a trovare una chiara identità perché hanno tendenze omosessuali ed eterosessuali contemporaneamente. La mancanza di identità sessuale non si ripercuote solo a livello fisico con frustrazioni e inibizioni, ma crea un profondo tormento interiore che può rendere difficili i rapporti interpersonali. Calla Lily insegna all'individuo che le vere qualità maschili e femminili si trovano unite all'interno di sé, piuttosto che all'esterno nei tratti fisici o biologici. In questo modo la personalità evolve verso un maggior equilibrio e una armoniosa espressione dell'animo. Per gli adolescenti che hanno difficoltà a relazionarsi con ragazzi dello stesso sesso.

Easter Lily

Persone in conflitto con la propria sessualità, che la vivono in maniera degradata e sporca. E' difficile per loro conciliare spiritualità e sessualità.
Questo può portare all'astinenza o tendere alla perversione e alla promiscuità. Rimedio molto importante per le donne. Il giglio bianco di Easter Lily è sempre stato un simbolo sia di purezza che di sessualità e riproduzione, è estremamente conflittuale per l'individuo integrare la vita sessuale con la vita spirituale. Per buoni motivi, molti percorsi spirituali richiedono il celibato come condizione di sviluppo spirituale, è possibile, tuttavia, per le persone moderne, riconciliare questi apparenti opposti; il che farà emergere nuove e importanti possibilità.

- Easter Lily è un importante rimedio per aiutare quelle persone che sentono una grande tensione interiore tra la sessualità e la spiritualità.

Questi conflitti possono esprimersi in una direzione o nell'altra, verso una promiscuità che degrada e danneggia il corpo astrale o verso una bigotteria che separa la persona dalle energie vitali del corpo inferiore. Easter Lily è un rimedio particolarmente importante per le donne e può essere di aiuto quando ci sono impurità e problemi a livello degli organi sessuali e di riproduzione.

Il dono più fondamentale di Easter Lily è dare la possibilità all'individuo di utilizzare pienamente le correnti di energia psichica associate agli organi sessuali e di riproduzione.

Hibiscus

Per donne che hanno una immagine negativa della sessualità dovuta ad abusi o violenze subite.
Per gli uomini che hanno immagini distorte delle donne, per instaurare un rapporto più positivo con la sessualità femminile. Il fiore conferisce calorosità nel corpo e nell'animo, curando in particolar modo la sessualità. Quando la persona non riesce a vivere serenamente e con spontanea dolcezza l'aspetto istintuale e passionale del suo essere, l'espressione sessuale risulta fredda, distaccata o bloccata. Questo fiore dona alla donna la consapevolezza, l'accettazione e l'espressione autentica della propria sessualità, in armonia con i sentimenti più profondi e più puri del cuore.
Quando c'è un calo del desiderio sessuale dopo la menopausa. Per quelle donne che vivono la sessualità con poco calore e desiderio, che evitano le relazioni intime e hanno cronicamente poca predisposizione a iniziare azioni che conducano al piacere sessuale. Non possono fare del loro sesso un posto di piacere. Lo vivono come un obbligo.
Il fiore aiuta a imparare a godere della sessualità.

Sticky Monkeyflower

Per chi ha paura dell'intimità e della sessualità intesa come contatto profondo con l'altro. Spesso queste persone possono mascherare la loro paura cercando molti rapporti sessuali che non impegnano una vera partecipazione del cuore, o al contrario evitano qualunque tipo di contatto sessuale. Questo fiore aiuta a integrare l'aspetto fisico e spirituale dell'amore.
Persone dominate dalla paura di dimostrare i loro veri sentimenti ed essere scoperti dagli altri nei loro affetti.
Per chi si reprime, si autocensura; quelli che vorrebbero esprimere i loro sentimenti di amore e non possono farlo e, per questo cadono nella solitudine. In molte occasioni, i loro blocchi si devono a dispiaceri non elaborati in relazioni anteriori. Il fiore dona calore nella relazione intima, sicurezza, espressività, adeguamento, chiarezza, accettazione, allegria e profondità negli affetti.

- La lezione che fa imparare è quella di avere il coraggio di mostrare i veri sentimenti, imparare a comprendere il senso dell'attività sessuale.

Può essere di valido aiuto nell'adolescenza per vincere l'imbarazzo e la timidezza collegati ai sentimenti e ai desideri sessuali. Tramite la sessualità si può entrare in profondo contatto con un altro essere umano e quindi provare la più forte estasi e il più grande dolore dell'anima.

Quindi la paura in queste persone è quella di esporre il proprio Io a un altro essere umano di essere vulnerabili o rifiutati.

Ecco perché la sessualità risulta superficiale e priva di reale partecipazione.

Nella menopausa è utile per sviluppare nuovi modelli di intimità, trasformare l'identità sessuale rendendola parte del passaggio della menopausa.

Fiori Australiani associati al secondo chakra

I Fiori Australiani Bush (Australian Bush Flower Essences) sono a oggi 69 più 19 Essenze create dalla combinazione di Fiori Australiani e sono stati introdotti da Ian White, biologo e psicologo australiano. Non sono ancora molto conosciuti e utilizzati in Italia dal grande pubblico, ma sono molto apprezzati dai Floriterapeuti e troviamo Fiori Australiani inseriti in molti complessi fitopreparati e omeopatici. Sono tra i fiori più potenti e di largo impiego dopo i Fiori di Bach, hanno un'energia molto elevata, una delle più alte tra i rimedi floreali. Gli Aborigeni australiani hanno sempre utilizzato i Fiori per trattare i disagi o gli squilibri emozionali, così come avveniva nell'antico Egitto, in India, Asia e Sud America.

La dose, sia per gli adulti sia per i bambini, consiste in sette gocce da assumere due volte al giorno (mattina e sera) sotto la lingua, o in un poco di acqua. Le essenze dovrebbero essere assunte per circa venti giorni o un mese, eccezion fatta per essenze particolarmente potenti.

Essendo una cura del tutto naturale e priva di tossicità, non presentano alcuna controindicazione, non provocano effetti collaterali, possono essere combinati senza problemi sia ai farmaci tradizionali sia a quelli omeopatici (di cui sono considerati complementari) o ad altri rimedi floriterapici. Si può preparare un solo rimedio (la cui azione sarà allora particolarmente "mirata", profonda e veloce), oppure miscelare tra loro rimedi diversi; in questo caso é consigliabile non superare le 4 o 5 essenze e, se possibile, cercare di scegliere fiori dalle proprietà tra loro affini e sinergiche per trattare un problema specifico.

I fiori australiani sono molto efficaci anche in applicazione cutanea e possono essere aggiunti a creme, gel, oli per il massaggio, pomate medicate oppure diluiti nell'acqua del bagno. Per un trattamento topico la quantità consigliata è di circa 7 gocce di ciascun rimedio scelto, da amalgamare in mezza tazzina di crema; nella vasca da bagno vanno invece versate 15–20 gocce di ogni essenza.

La durata del trattamento dipende sempre dalla risposta individuale. Spesso si ottiene una reazione positiva in circa due settimane e mediamente due mesi sono sufficienti per riequilibrare numerose problematiche psicofisiche. Alcuni fiori particolarmente "potenti" (come, per esempio, Waratah) esercitano di solito un'azione molto rapida, anche in pochi giorni. Molte volte, dopo aver risolto un disagio o un conflitto interiore, possono emergere altri squilibri emozionali, che andranno via via trattati con i fiori corrispondenti.

Flannel Flower

Per chi non ama il contatto fisico con gli altri e non si trova a proprio agio con la propria intimità fisica ed emozionale. Per chi trova difficoltà a esprimere a parole i propri sentimenti. Il fiore aiuta la scoperta della capacità di godere di tutte le manifestazioni fisiche e in particolare sensibilità al contatto fisico con gli altri e ridimensionamento dei propri confini. Rinnova fiducia nell'esprimere e rivelare se stessi agli altri, attraverso la sensualità e la dolcezza. Questa essenza definisce un caratteristico tipo psicologico floreale dove la persona manifesta una difficoltà a mettersi in contatto con il corpo. Questo lo porta a sfuggire il contatto fisico e a essere avaro nel dare e ricevere carezze. Sono persone che normalmente appaiono diverse da quello che sono in realtà, infatti sembrano avere a possibilità di grandi gesti di affetto. Invece questo non è reale e se le carezze sono presenti sono forzate o è poco profondo il vissuto interno che li accompagna.
Si tratta di seduzione che normalmente è un tratto di personalità narcisistico e non un reale interesse per l'altro. È comune trovare anche un blocco che ostacola la libera espressione degli affetti.
La funzione principale di questa essenza è dare la capacità di godere del contatto corporale, di essere libero nell'espressione dei sentimenti, tenero e sentire positivamente il contatto pelle a pelle. Per chi non ama

il contatto fisico con gli altri e non si trova a proprio agio con la propria intimità fisica ed emozionale.

Per chi trova difficoltà a esprimere a parole i propri sentimenti. Il fiore aiuta la scoperta della capacità di godere di tutte le manifestazioni fisiche e in particolare sensibilità al contatto fisico con gli altri e ridimensionamento dei propri confini. Rinnova fiducia nell'esprimere e rivelare se stessi agli altri, attraverso la sensualità e la dolcezza. Questa essenza definisce un caratteristico tipo psicologico floreale dove la persona manifesta una difficoltà a mettersi in contatto con il corpo. Questo lo porta a sfuggire il contatto fisico e a essere avaro nel dare e ricevere carezze. Sono persone che normalmente appaiono diverse da quello che sono in realtà, infatti sembrano avere a possibilità di grandi gesti di affetto. Invece questo non è reale e se le carezze sono presenti sono forzate o è poco profondo il vissuto interno che li accompagna. Si tratta di seduzione che normalmente è un tratto di personalità narcisistico e non un reale interesse per l'altro. È comune trovare anche un blocco che ostacola la libera espressione degli affetti.

La funzione principale di questa essenza è dare la capacità di godere del contatto corporale, di essere libero nell'espressione dei sentimenti, tenero e sentire positivamente il contatto pelle a pelle.

She Oak

La maggior funzione del rimedio è relazionata ai fattori emozionali che inibiscono la fertilità della donna. E' di beneficio per quelle donne che hanno problematiche a rimanere incinta, pur non avendo patologie fisiche. Utile anche per donne che hanno sindrome premestruali o cicli irregolari o nel periodo della menopausa. Ha dosaggi diversi rispetto alle varie problematiche.
Questa essenza descrive una persona che ha dei disequilibri negli aspetti femminili. Sono donne che generalmente tendono a coprire o a nascondere i loro aspetti femminili, la loro capacità di seduzione, le loro forme fisiche. Spesso hanno avuto problematiche nella relazione con la loro madre e la maternità diventa un compromesso difficile da affrontare. Se hanno figlie femmine, hanno problematiche con queste ultime e hanno difficoltà a capirle e spesso può nascere un problema di competitività. Un altro tratto importante è la mancanza di fiducia nelle capacità creative che può avere la donna e questo blocco emozionale si manifesti con la sterilità, come l'impossibilità di concepire, anche se non esistono cause conosciute per ciò. È molto utile nelle donne che si sentono non capaci e paurose al primo figlio.
L'essenza è molto utile anche nei casi in cui un conflitto interno unito a una forte paura incosciente verso il piacere sessuale e la credenza di essere una persona indegna, genera sentimenti di vergogna e colpevolezza

che ostacolano la libertà necessaria per raggiungere l'orgasmo.

L'utero è la matrice che rappresenta nel corpo l'identità femminile e la sua capacità creativa.

Problematiche, confusioni e disfunzioni in questa area indicano la presenza di conflitti con l'essere donna che hanno un'intima relazione con il proprio vissuto della femminilità. Nel caso di uomini She Oak lavora sulle, insicurezze, e dubbi rispetto alla condizione maschile e la paura di stare perdendo la virilità.

She Oak è anche utile per la ritenzione idrica che caratterizza il ciclo mestruale, e come terapia sostitutiva ormonale nella menopausa.

Fiori di Bach associati al secondo chakra

I fiori di Bach - o rimedi floreali di Bach - sono una medicina alternativa ideata dal medico britannico Edward Bach, nato il 24 settembre 1886 a Moseley da una famiglia Gallese in Inghilterra. Si laureò in medicina nel 1912 e da subito lavorò al pronto soccorso dell'ospedale universitario dove iniziò a farsi notare per la gran quantità di tempo che dedicava ai pazienti. Fu subito critico nei confronti degli altri medici, in quanto studiavano la malattia come se fosse separata dall'individuo, senza concentrarsi sui malati stessi.

E' risaputo che i nostri stati emotivi hanno una profonda influenza sul nostro benessere e sulla nostra salute. Uno stato emotivo alterato che si ripete ogni giorno crea delle vere e proprie disfunzioni del nostro organismo.

Il 90% delle cause delle malattie dell'uomo proviene da piani che si trovano al di là di quello fisico, ed è su questi piani che i sintomi cominciano a manifestarsi, prima che il corpo fisico mostri qualche disturbo. Se riusciamo a individuare gli stati d'animo negativi che affiorano quando ci ammaliamo, possiamo combattere meglio la malattia e guarire più in fretta. Usando i rimedi floreali si tenta di influire sulle strutture più profonde, dalle quali la malattia ha origine.I Fiori di Bach riequilibrano le emozioni. Si rivolgono solo ed esclusivamente a come reagiamo emotivamente alle vicissitudini, alle esperienze e ai problemi nelle nostre giornate. Donano una grande serenità e pace, coraggio o forza, aiutano a sentirci nel pieno delle nostre possibilità.

Possono essere utili a fronte di una malattia, non dal punto di visto fisico ma proprio come sostegno dell'umore. La persona è vista come un individuo completo dove le emozioni sono un punto cardine, e non solo come corpo fisico con dei sintomi. Bisogna quindi analizzare lo stato emozionale e non i sintomi fisici, in base a questo si trovano i rimedi adatti. Infatti soggetti con identici problemi fisici, reagiscano e vivono con emozioni e sentimenti differenti. I fiori di Bach non hanno controindicazioni e non interagiscono con i farmaci.

Bach ha così suddiviso i 38 fiori dai quali si traggono i rimedi. I primissimi fiori scoperti da Bach furono i cosiddetti "12 Guaritori", che il medico gallese iniziò prontamente a sperimentare prima su se stesso e poi sui suoi pazienti; gli altri 26 vennero scoperti poco tempo dopo, divisi in "7 Aiuti" e "19 Assistenti". Il Dr Bach abbandonò in seguito la distinzione tra "Guaritori", "Aiutanti" e "Assistenti" ritenendola superflua, ma molte persone nel mondo continuano a utilizzarla ugualmente. I Fiori di Bach non aiutano a reprimere gli atteggiamenti negativi, ma li trasformano nel loro lato positivo. I Fiori di Bach associati al primo chakra lo sono solo a titolo generale, perché i fiori vanno comunque scelti basandosi sull'emozione non in armonia che va equilibrata.

Rock Rose

Appartiene alla categoria dei "Guaritori".
Chi ha bisogno di questo fiore è una persona che si spaventa facilmente, allo squillo di un telefono, di un campanello, alla caduta di un libro, di una bottiglia, all'urlo di una persona, di un animale, alla sirena di un'ambulanza, alla presenza delle forze dell'ordine. Di solito questa persona non è paurosa, nel tempo però l'accumulo dei vari shock inizia a creare dei veri attacchi di panico.
Lo stato positivo di Rock Rose rende l'individuo forte e coraggioso, nello stato bloccato, nonostante che la persona sappia come comportarsi di fronte a un'urgenza si blocca, le energie sono bloccate, si ha paura al limite del terrore e non si riesce a pensare e ad agire in modo utile. Il rimedio floreale agisce immediatamente in situazioni di pericolo, è istantaneo, blocca il terrore e non fa perdere il controllo. Rock Rose dona energia e ristabilisce un corretto equilibrio nervoso anche dopo eventi particolarmente stressanti.
Molto utile negli attacchi d'ansia improvvisi.
Con Rock Rose la sicurezza e il coraggio permettono di intraprendere qualsiasi iniziativa, anche nelle situazioni di soccorso.
Rock Rose, dà coraggio nell'affrontare le situazioni di emergenza, aiuta ad allontanare la paura, agisce rapidamente sul plesso solare sciogliendo l'ansia, sblocca la paura del momento, aiuta a non perdere la

testa nei momenti di crisi, e fa affrontare la situazione con calma e coraggio.

Dà un rapido miglioramento emotivo nelle situazioni di emergenza, aiuta a convivere meglio con il proprio temperamento nervoso, dà un coraggio immediato, coraggio nell'affrontare le situazioni di emergenza, aiuta ad allontanare la paura, sblocca la paura del momento, aiuta a non perdere la testa nei momenti di crisi, e fa affrontare la situazione con calma e coraggio.

Mimulus

Appartiene alla categoria dei "Guaritori".
Chi ha bisogno di questo fiore è una persona che vede i pericoli ovunque, spesso è ansiosa, paurosa ed è dotata di grande fantasia che non coincide con la realtà. Questo stato d'animo può nascere dopo tanti eventi paurosi oppure in conseguenza a situazioni particolari come ad esempio una crisi economica, chiaramente la persona inizia a vivere in apprensione temendo di perdere la casa, l'automobile, il terreno.
Le paure in Mimulus sono specifiche e precise.
La forte sensibilità al mondo circostante fa tremare facilmente, come, ad esempio, quando si deve parlare in pubblico o comunque in qualsiasi situazione "eccessiva" dove c'è troppo rumore, troppa luce, troppa gente. Questo Fiore va somministrato anche per paure particolari tipo: galleria, ponte, altezza, buio, spazio aperto e chiuso, perché a tutti gli effetti sono delle paure certe. Mimulus è il Rimedio per stimolare quel coraggio e quella forza pacati che si nascondono in queste persone, cosicché esse possano affrontare le prove quotidiane della vita con fermezza.
Con Mimulus si è sicuri, e si va incontro al mondo con calma, coraggio e forza, tenendo conto della propria sensibilità.

Cherry Plum

Appartiene alla categoria degli "Assistenti".
Cherry Plum è uno dei rimedi del gruppo che il Dr. Bach ha definito per la Paura. La paura di tipo Cherry Plum è molto specifica ed è la paura che si stia perdendo il controllo di se stessi e che si possa fare qualcosa di orribile, come far del male ad altri oppure pensare al suicidio (in questo caso avvertire immediatamente il proprio Medico curante).
Quando si ha paura di perdere il controllo del corpo e della mente, si è impulsivi e non ci si controlla. Si ha paura di far del male agli altri. Si è sul punto di scoppiare. Nello stato Cherry Plum ci si sente come una pentola a pressione, oppure si fanno cose che non si vorrebbe fare, ovvero si hanno atteggiamenti compulsivi quali: shopping continuo, fumare, bere. Applicarsi in attività manuali sicuramente allevia la tensione estrema che si prova. Con Cherry Plum si è capaci di gestire la propria energia con sicurezza e spontaneità. Ogni situazione è fonte di forza e capacità.
Il rimedio floreale agisce immediatamente in situazioni di forte agitazione, è istantaneo; blocca la paura di perdere il controllo. La persona immediatamente avvertirà un senso di tranquillità e serenità, scacciando via dalla mente i pensieri ossessivi.

Aspen

Appartiene alla categoria degli "Assistenti".
Chi ha bisogno di questo fiore è una persona molto sensibile alle energie negative, solitamente trasmesse dall'esterno. Aspen è per tutte le paure indefinite e vaghe; quella del buio, della magia, dei mostri. Adatto per tutte le persone che hanno una particolare sensibilità. Quando i problemi sono vissuti ancor prima che si verifichino. Molto adatto per le paure dei bimbi. Le foglie del pioppo tremano facilmente, basta loro un soffio d'aria per muoversi. Così le persone che hanno bisogno di Aspen sono sensibili all'ambiente circostante; le brutte notizie, le malattie altrui vengono percepite come le proprie. Il rimedio floreale ferma subito la fantasia generata della paura, rasserena la persona donandole ottimismo, le fa comprendere che la paura era solo frutto della mente. Inoltre, se nella vita si dovesse ripresentare uno stato d'animo simile, sarà oramai in grado di capire cosa fare e quindi di poter dire semplicemente: devo fare a meno di ascoltare o leggere notizie negative.
Con Aspen la propria sensibilità diventa fonte di sicurezza, si aumenta il proprio coraggio.

Red Chestnut

Appartiene alla categoria degli "Assistenti".
Chi ha bisogno di questo fiore è una persona che si preoccupa eccessivamente per le persone care.
Questa preoccupazione o paura diventa cronica quando il pensiero che qualcosa di brutto possa accadere ad un proprio caro (figlio, marito, partner, collega, animale) diventa fisso, tale condizione a lungo andare può provocare insonnia.
Questa persona vigila di continuo sui propri cari e sulla loro vita, tentando di modificarla a proprio gusto e piacimento, creando inconsapevolmente numerosi problemi e disagi. Sembrerebbe il classico fiore dei genitori apprensivi, in effetti lo è, ma non solo per i genitori ma per tutte coloro che hanno paura che succeda qualcosa ai propri cari. Il minimo ritardo o il minimo starnuto pone subito in uno stato di agitazione eccessivo. Permette di rompere il cordone ombelicale che ci lega a persone o situazioni. Il Rimedio aiuta le persone che si trovano in questo stato d'animo a pensare ai propri cari in modo sereno e tranquillo, cosicché, invece di comunicare ansietà, siano loro di conforto e di aiuto.
Con Red Chestnut si vive una vita libera e sicura, si sviluppa una grande forza di aiuto verso gli altri.

Rescue Remedy

Combinando insieme due o più fiori si possono ottenere miscele personalizzate, rivolte cioè a un'esigenza particolare e soggettiva.

Esiste tuttavia una combinazione predisposta dallo stesso Bach per un uso generale; si tratta del rimedio di emergenza chiamato Rescue Remedy, una miscela di cinque fiori, che secondo Bach sarebbe utile in situazioni più acute: fortissimi stress, attacchi di panico, svenimenti, brutte notizie, ma anche traumi di natura fisica. Oltre che per bocca, questo rimedio può essere applicato anche sulle tempie o sui polsi, o direttamente sulla parte dolente.

Consiste in una miscela di:
- Star of Bethlehem, contro lo shock improvviso.
- Rock Rose, contro il panico o il terrore.
- Impatiens, per riportare la calma.
- Clematis, contro la tendenza a cedere, la sensazione di allontanamento appena prima di svenire.
- Cherry Plum, contro la paura di perdere il controllo, di andar fuori di testa.

È l'unico rimedio che, d'ordinario, non è preparato esclusivamente in forma liquida, ma anche in compresse di lattosio e in pomata. In quest'ultima formulazione, chiamata "Rescue Cream" è aggiunto il Crab Apple, il rimedio di purificazione, per il suo effetto depurativo; può essere utile in diverse occasioni: traumi, piccole eruzioni cutanee, dolori e tensioni muscolari, pelle disidratata.

E' molto utile, ad esempio, nei bambini, per le piccole paure improvvise, nei casi di incidenti, quando si ricevono cattive notizie (lutto, malattia), momenti di ansia improvvisi, paure, attacchi di panico. Si mettono 4 gocce di Rescue Remedy in un bicchiere d'acqua e lo si sorseggia; all'inizio a piccoli sorsi ravvicinati (anche ogni due o tre minuti), poi mano a mano che i sintomi si attenuano, si diminuiscono il numero delle assunzioni. Se non si ha disposizione o non si ha il tempo di prendere un bicchiere di acqua, si possono assumere 4 gocce del rimedio puro.

Il Rescue è un rimedio di emergenza, e come tale va usato. Esso non può sostituire l'uso quotidiano dei Fiori di Bach. Per ottenere dei buoni risultati e per essere in buona salute con la floriterapia, è importante assumere i fiori più adatti a ciascuno, personalizzandoli sulla base della situazione del momento.

Star of Bethlehem

Appartiene alla categoria degli "Assistenti".
Chi ha bisogno di questo fiore è una persona che ha ricevuto uno shock: una cattiva notizia, un incidente, un lutto, una delusione, un trauma, una ferita sul corpo, dei grandi spaventi, insomma un evento per il quale la persona rimane senza fiato, come congelata; in quel preciso momento non avverte reazioni, rimane come impietrita.
Star of Bethlehem è uno dei rimedi che compongono il Rescue Remedy. E' il rimedio per qualunque tipo di shock, come brutte notizie impreviste o un evento indesiderato e inaspettato. Può anche essere usato per gli effetti di uno shock risalente a molti anni addietro, talvolta addirittura alla prima nell'infanzia. Questo rimedio serve anche per il senso di vuoto e di perdita che a volte si prova quando una persona amata muore o si allontana, in quanto lo shock può essere associato a questi avvenimenti. Star of Bethlehem è il Rimedio che dà conforto in tali circostanze. Utile per elaborare lutti o situazioni traumatiche, piccole o grandi che siano, ma che non permettono un libero fluire della propria energia.
Con Star of Bethlehem si ritrova la forza vitale necessaria, i traumi sono superati e si sente il proprio animo consolato.

Numero del secondo chakra

Il numero associato al secondo chakra è il sei, come i sei petali del loto che lo rappresenta e che identifica l'idea che abbiamo di creazione: nella Bibbia il mondo fu creato in sei giorni e la tradizione ebraica lo fa proseguire per sei millenni.
Il sei è il numero che rappresenta la responsabilità e il nutrimento per la famiglia e per la comunità, così come ritrovare l'equilibrio e l'armonia con il nostro ambiente.
Secondo sant'Agostino, sei è il numero perfetto:
"Sei è un numero perfetto di per sé, e non perché Dio ha creato il mondo in sei giorni; piuttosto è vero il contrario. Dio ha creato il mondo in sei giorni perché questo numero è perfetto, e rimarrebbe perfetto anche se l'opera dei sei giorni non fosse esistita".

Anche gli studiosi di Cabala concordano sull'importanza del 6; infatti, la prima parola della Bibbia, "Bereshit", tradotta come "in principio", numericamente corrisponde alla frase "Creò il 6".
Quindi, così come il 4 è legato alla manifestazione (lo spirito che si manifesta nella materia), il 6 rappresenta il Creato (" Dio creò il Cielo e la Terra, quindi è già polarizzato), e i Serafini, gli angeli più perfetti creati da Dio, hanno 6 ali.
Inoltre, se 4 sono i lati di un quadrato, 6 sono le facce di un cubo, l'uno la proiezione dell'altro, dallo spazio a tre dimensioni al piano a due dimensioni.

Inoltre, essendo il 6 composto da 3+3, ovvero corrispondenti a due triangoli opposti (si pensi alla stella a sei punte, o sigillo di Salomone), rappresenta la dualità: ascensione e materializzazione, separazione e unione, altruismo ed egoismo, e anche natura umana e natura divina del Cristo.

Anche nei Tarocchi, il 6 è il numero della scelta, l'amante al bivio tra due donne, a indicare l'ambivalenza, e su di un trono a forma di cubo, che ha 6 facce, è seduto l'Imperatore, arcano numero 4.

Notiamo anche che il sei è quasi esattamente il rapporto della circonferenza con il raggio (2π) e arriviamo così al secondo simbolo espresso dal chakra, ovvero la circonferenza, in quanto emanazione del centro, che nel senso più universale raffigura il Principio, simboleggiato geometricamente dal punto, come aritmeticamente lo è dall'unità, che rappresenta la manifestazione, la creazione, misurata dal raggio emanato dal Principio. Ogni raggio definisce un punto della circonferenza che simboleggia un essere scaturito dall'energia creatrice del centro (e così ritorna la «forza vitale del lingam»).

La creazione, quindi, nell'infinita molteplicità di tutte le sue forme generate dalla polarizzazione, è simbolizzata dagli infiniti punti che costituiscono la circonferenza. Il cerchio è assimilato anche al simbolo uroborico del serpente che si morde la coda, pure simbolo ciclico dell'evoluzione e dell'eterno ritorno, del continuo ripresentarsi di morti e rinascite, nell'inesauribilità della creazione. Secondo alcune correnti psicologiche, la totalità multiforme espressa dall'Uroboros rappresenta molto bene le infinite sfaccettature dell'inconscio.

L'Uroboros diviene, perciò, simbolo dell'inconscio stesso, dove tutto è presente contemporaneamente e da cui ogni singola individualità (ogni punto della circonferenza) tenta faticosamente di separarsi.

Abbiamo in questo caso: cerchio = inconscio, centro = coscienza, ovverosia una dualità analoga a quella vista in precedenza: cerchio = creato, centro = Creatore, a sua volta analoga alla polarità insita nel numero 6 3+3 (maschile-femminile).

Affinità con altri numeri:
- Discreto: 3, 4, 5 e 8.
- Ottima: 1, 2 e 6.

Possiamo associare a ogni numero un pianeta, un segno zodiacale e un elemento fondamentale della vita sulla Terra. Per il Numero 6 abbiamo:
- Segno: Vergine
- Pianeta: Mercurio
- Elemento: Terra.

L'archetipo del numero 6 è l'Angelo.

Il suo Numero Ombra è il Martire.

Il Martire rappresenta il lato ombra dell'Angelo e rappresenta il "genitore interiorizzato", predisposto ad aiutare gli altri a crescere e a evolversi. Il perno di questa sfida è il bisogno di offrire amore e sostegno agli altri, evitando tuttavia di ricalcare il solito modello di chi dona, senza mai ricevere nulla in cambio. La tendenza del "Martire" è quella di calarsi nel ruolo di salvatore, che si sente semprechiamato in causa a offrire il suo aiuto, anche senza che nessuno glielo abbia chiesto, a volte anche in modo inopportuno. L'origine del problema può essere riferito a delle carenze affettive in ambito famigliare. Il Martire nel tentativo di compiacere il prossimo per averne l'approvazione, sacrifica continuamente una parte di se stesso e inconsciamente attira a sé persone con autostima carente e che all'interno di una relazione tenderanno a rivelarsi bisognose e di conseguenza dipendenti. La sfida è riconoscere in se stessi quest'ombra con le sue caratteristiche ed integrarla riportando l'equilibrio. Avere consapevolezza di sé può essere l'unica via per integrare quest'ombra, riconoscerla e accettarla e in seguito comprendere come trasformare il proprio modo di porsi con se stessi e con gli altri. E' primariamente utile riconoscere che il bisogno di intervenire nella vita degli altri è una vostra esigenza, per cui essere certi che il vostro aiuto sia stato veramente richiesto e se lo fosse dovrete accertare se è frutto di un'abitudine che voi stessi avete instaurato, dovrete correggere anche queste vecchie abitudini che avete dato a chi vi è vicino.

Esercizi fisici

Esercizio 1

Rilassatevi, scuotete braccia e gambe, sedete sul pavimento con la schiena eretta e quindi effettuate per qualche minuto la respirazione alternata.

Esercizio 2

Assumete la posizione del quadrupede ed eseguite per 7 volte l'esercizio "groppa del cavallo / schiena arcuata del gatto".

Esercizio 3

Sdraiatevi in posizione supina e piegate le gambe tenendole chiuse.
Le braccia sono distese in orizzontale con i palmi rivolti verso l'alto; voltate lentamente la testa verso sinistra contemporaneamente le gambe verso destra, fino a raggiungere la massima estensione.
Girate nuovamente la testa e le gambe verso il centro e voltatele nella direzione opposta a prima (la testa a destra e le gambe a sinistra).
Ripetete 7 volte con movimento lento e fluido, restando sempre sciolti e rilassati.

Esercizio 4

Sedetevi con la schiena eretta e posate il dorso della mano destra sul dorso della mano sinistra, le punte dei pollici si toccano.
Mettete le mani al di sotto dell'ombelico, i palmi rivolti verso il basso.
Chiudete gli occhi, inspirate profondamente attraverso il naso e pronunciate ripetutamente espirando il mantra "vam", poi inspirate nuovamente sempre attraverso il naso ripetendo tutto per 7 volte.

Esercizio 5

Sdraiatevi in posizione supina con gli occhi chiusi e rilassate tutti i muscoli del corpo, concentrandovi sul respiro lento e progressivo.
Posate le mani al di sotto dell'ombelico al centro della pancia e avvertite come si alza e si abbassa con il respiro.
Inspirando concentratevi nell'assimilare prana e nel farlo confluire nel chakra sacrale quando espirate.
A ogni respiro immaginate che un raggio arancione di energia scorra dalle vostre mani al ventre e che si diffonda in tutto il corpo.
Soffermatevi su questa immagine per 7 cicli respiratori.
Poi posate di nuovo le mani a terra, palmi verso il basso, e restate sdraiati per qualche minuto.

Esercizio 6

Divaricate le gambe in modo che la distanza fra i piedi corrisponda all'ampiezza delle vostre spalle.
Muovete avanti e indietro il bacino piegando leggermente le ginocchia.
Ripetete diverse volte.
Ora immaginate di trovarvi all'interno di un cilindro e di doverlo lucidare con un movimento delle anche.
Con le mani sui fianchi, fate ruotare il bacino uniformemente (come se doveste aderire perfettamente alla superficie interna del cilindro).

Esercizio 7

Sedete sul pavimento a gambe incrociate.
Afferrate le caviglie con entrambe le mani e inspirate profondamente.
Inarcate in avanti la colonna vertebrale e sollevate il busto; fate ruotare all'indietro la parte alta del bacino.
Mentre espirate inarcate la spina dorsale all'indietro e portate la zona pelvica in avanti.
Ripetete varie volte pronunciando, se volete, un mantra.

Esercizio 8

Mettersi supini, con la parte alta del busto sollevata e i gomiti che servono da appoggio.
Sollevate entrambe le gambe di circa 30 centimetri.
Divaricatele e inspirate; mentre espirate, incrociate le gambe all'altezza delle ginocchia, tenendole tese.

Ripetete varie volte.

Sollevate le gambe un poco più in alto e ripetete di nuovo.

Proseguite in questo modo finché i vostri piedi non saranno sollevati da terra di circa 80 centimetri.

Poi seguite il processo inverso, abbassando pian piano le gambe.

Riposate. Ripetete varie volte.

Pietre consigliate per il 2° Chakra

In cristalloterapia si considerano pietre del 2° Chakra quelle il cui colore varia dal rosso scuro all'arancione, di qualsiasi tipo di lucentezza o trasparenza. I minerali di questo colore hanno un effetto rivitalizzante e permettono al soggetto di trovare equilibrio e serenità.
Regolano la circolazione sanguigna e il metabolismo.
La zona di posizionamento delle pietre è la regione al di sopra dell'osso pubico.
Il raggio d'azione dei minerali di colore arancione:
- Agiscono sugli organi della digestione.
- Sono indispensabili per la vitalità e la salute.
- Liberano dalle depressioni.
- Ridimensionano i problemi interpersonali.
- Sostengono i processi vitali dell'adeguamento.
- Sostengono la circolazione sanguigna.
- Stimolano l'auto guarigione.
- Vitalizzano la fertilità e gli organi sessuali.

I cristalli che possono riequilibrare il secondo chakra sono Corallo, Corniola, Occhio di tigre, Giada, Eliotropio, Selenite, Aragonite, Avventurina, Pietra del sole, Topazio.
Sentitene l'energia che passa attraverso il chakra sacrale mentre la tenete in mano o la portate tramite anello o collana.
Non bisogna acquistarle tutte, basta scegliete le pietre che si preferiscono o delle quali si è già in possesso.

Il colore arancione non è molto indicato per le persone dotate di troppa energia, troppo nervose o agitate.

Corallo

"Amore e armonia".
Il Corallo, come si sa, non fa parte del mondo minerale. Il Corallo, infatti, è costituito da comunità di piccoli polipi che formano, alla base del proprio corpo molle, uno scheletro di carbonato di calcio con funzione protettiva e di sostegno. Da tempi immemori l'uomo è alla ricerca di questa gemma marina in quanto simbolo di bellezza e fonte di energie rigeneranti.

Problematiche caratteriali o psicologiche vengono meno con l'aiuto del Corallo, così che la nostra vita si apra a esperienze più collaborative e appaganti, dove la comunicazione non è difficile e le ansie, i sospetti e la timidezza appaiono più lontane e meno limitanti. Il Corallo tempra tutto l'apparato scheletrico e il corpo in generale. Esiste nelle variante nero, rosa, rosso, bianco, azzurro (raro).

Emana vibrazioni eccezionali e in Cristalloterapia è legato al sangue. Forma uno scudo energetico che protegge dalla negatività in generale e di alcune persone. Associato al Turchese dà una protezione ancora più potente poiché insieme simboleggiano i quattro Elementi. Stimola lo scambio energetico, facendo fluire energia nuova (Prana) al posto della vecchia. E' rilassante ed elimina la malinconia e le preoccupazioni. Rafforza la personalità e stimola l'intuizione. Risveglia lo stimolo e l'attrazione sessuale. Contro gli incubi. E' curativo per molti disturbi sia

interni sia esterni. Indicato per anemia, ulcera, stitichezza, inappetenza, indigestione, obesità, asma, tosse, abbassa la febbre, problemi agli occhi, alla milza, stimola la secrezione delle mucose e della bile, antiemorragico e cicatrizzante, rinforza il cuore e la circolazione (globuli rossi), rimuove le tossine, attenua i dolori artritici, regolarizza il ciclo mestruale.
In particolare:

- Il **Corallo Rosso** è indicato per la colonna vertebrale, l'ernia del disco, l'osteoporosi, blocchi articolari, stimola la costituzione del sangue, rinforza i muscoli, attiva la tiroide e il metabolismo, combatte il torcicollo.
- Il **Corallo Rosa** infonde buonumore, regolarizza le funzioni del pancreas e del fegato, la milza, il timo, il sistema linfatico.
- Il **Corallo Bianco e/o Azzurro** è utile per i problemi relativi ai tessuti nervosi e cerebrali e come ricostituente delle ossa (bianco).
- Il **Corallo Nero** stimola un'essenziale diffidenza in chi è troppo ingenuo nei confronti del prossimo, aiuta quando ci si sente traditi o sfruttati, aumenta la capacità di attenzione e l'apprendimento.

Corniola

Il termine della corniola deriva dal latino "carnis," che significa "carne", pietra così chiamata per la sua colorazione. I Romani usavano la corniola per fare i timbri per imprimere il sigillo di cera nella corrispondenza o altri documenti importanti, difatti la cera calda non si attacca alla corniola. La corniola aiuta nella comprensione del sé interiore, rafforza e motiva la concentrazione, aiuta a parlare in pubblico, aumentando la propria autostima. E' una pietra di potere è può portare successo nella propria vita. La corniola viene utilizzata per contrastare i pensieri negativi e i dubbi, e indossare questa pietra può impedire ad altri di leggere i pensieri o di influenzare la mente.

La corniola è anche citata nel Libro dei Morti egiziano, per essere messa nelle tombe come "armatura magica" per la vita oltre la morte. Gli antichi Egizi l'associarono alla dea Iside per via del suo colore rosso. La dea, ritrovando le membra dell'amato marito Osiride, ucciso dal fratello Set, le ricompose, riportandolo in vita. Da questa leggenda si pensa che la Corniola abbia le stesse proprietà vitali ed energetiche del sangue, infondendo coraggio per affrontare paure, tra cui quella della morte. Nel Rinascimento, usata nella magia, la corniola era solitamente incisa con immagini di guerrieri, e usata come amuleto magico come protezione contro incantesimi.

Un altro amuleto famoso che utilizza la corniola è l'occhio di Horus, che si crede possa offrire protezione contro il malocchio. La Corniola è spesso usata per la purificazione del sangue, facilitandone l'afflusso nei tessuti e negli organi così da aiutare l'assimilazione di vitamine.

- Tra le altre proprietà aiuta l'eliminazione delle tossine dal corpo, la stimolazione dell'intestino tenue e del metabolismo oltre la cura di diarree e di tutti i problemi dell'intestino in genere, favorendo la digestione.
- La Corniola viene usata per mitigare dolori ai reni, per la cura dell'asma e per problemi dell'addome e alla vescica; è usata persino per la cura delle cestiti e dei problemi alla prostata e di tutto il tratto urinario.

Tra le altre qualità possiamo annoverare la capacità di curare l'infertilità, di facilitare la risoluzione di problemi all'utero, di rinforzare gli occhi, le gengive e a rendere la pelle più giovane ed elastica. In gravidanza è consigliabile appoggiarla sulla pancia perché ciò porta serenità al nascituro.

La Corniola ha un'azione molto lenta ma decisa; per questo va usata in tempi molto lunghi. Con questa pietra vengono realizzati, con tutti i diversi metodi di preparazione, elisir molto forti.

Occhio di tigre

La pietra chiamata "occhio di tigre" è un cristallo di quarzo, con splendide fasce di colore giallo dorato che lo attraversano. È un minerale potente che aiuta l'armonia e l'equilibrio, migliorando gli stati di ansia e paura. Stimola l'azione e aiuta a prendere decisioni con discernimento e comprensione, oltre che con una grande chiarezza mentale. Tradizionalmente viene usato come amuleto contro le energie negative, ed è noto per indurre al coraggio, alla fiducia in se stessi e alla forza di volontà. Esalta la creatività ed è una delle pietre che aiutano il risveglio della Kundalini.

Della pietra occhio di tigre è nota la reputazione di gemma meravigliosa per attrarre ricchezza materiale (e per migliorare la stabilità necessaria per mantenere tale ricchezza), abbondanza, stimolare la crescita dell'energia Kundalini e quindi la vitalità personale. Tuttavia l'occhio di tigre ha anche potenti usi spirituali.

La maggior parte di queste pietre provengono dal Sud Africa, ma si trovano anche in Brasile, India, Birmania, Australia e Stati Uniti. Il significato del nome "occhio di tigre" deriva dal fatto che assomiglia all'iride del felino: il colore va dal giallo al bruno e al marrone, attraversato da bellissime sfumature striate. Il minerale è un grande amplificatore di energia, come nella maggior parte dei casi di cristalli di quarzo, e aumenterà a sua volta l'energia di tutti gli altri cristalli con cui si utilizza.

Il movimento particolare, quasi liquido, della luce che riflette attraverso la pietra stessa, ha sempre reso l'occhio di tigre un ottimo strumento per la visione o per i lavori di divinazione. La pietra combina l'energia della Terra con quella del Sole, mantenendo forte il radicamento della persona che la usa, rivelandosi così anche un'ottima pietra da meditazione. Migliora il coraggio e la tenacia, permettendo che questi attributi siamo sempre bilanciati con chiarezza mentale e una visione gioiosa. Le proprietà dell'occhio di tigre vengono utilizzate anche per saper discernere la verità in ogni situazione e aiutare la comprensione della vita che si sta vivendo. I benefici possono contribuire a rallentare il flusso di energia attraverso il corpo, che rende la gemma molto utile per malattie legate allo stress.

- Ottima pietra per l'artrite e le infiammazioni del tessuto osseo.
- Si dice sia utile nei casi di schizofrenia, vari disturbi mentali e l'ossessione impulsiva.
- Promuove il flusso di energia migliore attraverso il corpo quando la si indossa.
- Diventa così un'ottima pietra per la concentrazione, in particolare per chi ha dei deficit di attenzione.
- L'occhio di tigre può essere utilizzato per migliorare le abilità psichiche e favorire l'attività del chakra del terzo occhio.

Si suggerisce di utilizzare l'occhio di tigre in combinazione con Quarzo Ialino, il Serpentino e la Pietra di Luna.

Con l'occhio di tigre si stimola anche l'aumento dell'energia Kundalini, il serpente arrotolato che risiede alla base della colonna vertebrale. Quando viene stimolato, può salire attraverso la spina dorsale: si dice che questo processo può portare all'illuminazione. Se si desidera utilizzare l'occhio di tigre per questo scopo, si può combinare con esso il serpentino, che a sua volta faciliterà il processo di risveglio della Kundalini.

Giada

La giada deve il suo termine sin dal tempo della conquista spagnola dell'America centrale, dove questa pietra era molto apprezzata e lavorata finemente, alla frase spagnola "piedra de yjada" (coniato nel 1565) che significa "pietra dei lombi", dato che si credeva essere molto efficace nella guarigione dei dolori lombari e nei disturbi renali. La giada è tra i più antichi oggetti rinvenuti dall'antichità che risalgono a circa 7.000 anni fa e data la sua durezza, è stata usata per produrre armi e coltelli rituali. La lavorazione della giada in Cina (chiamata "yu") continua ininterrottamente da 5.000 anni per realizzare oggetti di culto finemente lavorati, dato che la giada, nella tradizione cinese, simboleggia le cinque virtù dell'umanità:
- La saggezza.
- La compassione.
- La giustizia.
- La modestia.
- Il coraggio.

La giada è particolarmente utile per coloro che reagiscono ai cambiamenti delle condizioni atmosferiche, stabilizza ed equilibra notevolmente l'energia maschile e femminile di chi la indossa.
- La giada è una pietra che può aiutare a raggiungere i nostri obiettivi instillando intraprendenza e consente di vedere oltre i nostri

limiti auto imposti e di manifestare le nostre idee nel mondo fisico.
- La pietra di giada è considerata una pietra che aiuta e propizia a fortuna economica.

Può essere utilizzata per portare denaro nella nostra vita. Ci aiuta a creare un atteggiamento positivo nei confronti del denaro e a impiegarlo in modo creativo e produttivo. Aiuta nei disordini digestivi interni, rafforza tutto il corpo, protegge dalla fatica ed estende la durata della vita. Le proprietà della giada (meglio se insieme all'ambra e alla calcopirite) sono molto protettive e particolarmente indicate nei bambini contro le malattie infantili.

- Ottima si rivela se si vuole sperimentare sogni più vivi, mentre se invece si desidera ottenere una maggiore comprensione dei sogni psichici, provare a dormire con la giada sotto il cuscino o sul comodino per un po' di tempo.

Eliotropio

Il termine eliotropio deriva dalle parole greche helios, che significa il Sole e tropos, maniera. Questo perché nei tempi antichi le pietre di eliotropio si dicevano poter riflettere il sole: è probabile che l'aspetto dell'eliotropio ricordasse il sole al tramonto con i riflessi di rosso che si stagliavano nell'oceano. I fedeli Cristiani durante il Medioevo usavano spesso l'eliotropio per scolpire le scene della crocifissione del Cristo e dei martiri, fatto che porta l'eliotropio a essere anche soprannominato pietra martire.

L'eliotropio è stato utilizzato fin dall'antichità per aumentare l'energia personale e la forza fisica. Infonde calma, soprattutto in situazioni di sopravvivenza, e accresce l'adattabilità e il potere di organizzazione, diminuendo confusione e ansia.

Viene spesso usato per purificare e disintossicare il corpo, purifica i chakra inferiori, riallineando le loro energie. L'eliotropio è stato sempre usato nella magia rituale. Nell'antica Babilonia, veniva usato in rituali contro i nemici e nell'antico Egitto utilizzato per aprire le porte spazio-temporali e rompere i legami. L'eliotropio può aiutare a migliorare l'intuizione e la creatività, e può essere utilizzato per combattere la stanchezza, e la confusione. È bene tenere una eliotropio in qualsiasi luogo dove la sua energia deve essere molto pulita. Ancora oggi l'eliotropio viene usato come medicina e afrodisiaco in India.

Selenite

La selenite, deve il suo termine dal greco "selenites" letteralmente "pietra di Luna", dal nome della Dea greca della luna, Selene.
Da non confondere con la Pietra di Luna, un'altra tra le più belle e luminescenti pietre preziose.
La selenite contiene molta energia femminile ed è spesso usata per connettersi e comunicare con il Divino. In passato era spesso usata come bacchetta magica per facilitare il trasporto delle proprie intenzioni per il Sé Superiore o l'Universo.
La selenite è la pietra della tranquillità, dona una vibrazione molto alta, ed è capace di infondere chiarezza mentale e un profondo senso di pace interiore, fornendo la flessibilità alla nostra natura e forza per le nostre decisioni importanti.
E' un pietra che ben si accompagna a un lavoro spirituale intenso, specie in meditazione, oltre a essere un potente cristallo di comunicazione psichica. Può essere di aiuto nella comunicazione al passato con antenati e spiriti guida.
La selenite ha inoltre la proprietà meravigliosa di potere purificare e pulire energeticamente gli altri cristalli da energie pesanti. Può aiutare a livello cellulare, la spina dorsale e il sistema scheletrico, è usata per migliorare il tono della pelle e la capacità del corpo di assorbire il calcio.

Antiche credenze popolari, ma comuni su tutto il nostro pianeta, hanno enfatizzato l'uso della selenite anche per aumentare la libido.

Le proprietà della selenite sono spesso usate nella magia per evocare la protezione dal regno dei morti e per dissipare anche energia negativa negli ambienti. Ottima si rivela in esoterismo se usata su apposite griglie, oppure intorno alla casa o negli angoli di una stanza (insieme al sale, ma senza toccarsi), per creare uno spazio sicuro e tranquillo.

Aragonite

L'aragonite deve il suo nome dal luogo dove è stata scoperta, cioè in provincia di Aragona in Spagna. L'aragonite è una buona pietra per la famiglia e la compagnia, è anche una famosa gemma calmante l'irrequietezza interiore e il nervosismo da stress, donando equilibrio mentale ed emotivo. Le proprietà dell'aragonite dirigono l'energia verso l'auto disciplina aiutando a perseverare malgrado le limitazioni che spesso la vita ha ci pone davanti. Ci fa comprendere meglio che queste limitazioni rappresentano il modo in cui interagiamo con il mondo e la vita, e spesso determinano la nostra crescita spirituale e fisica.

L'aragonite storicamente è stata usata per estirpare il calore delle febbri, per ridurre le infiammazioni e calmare il sistema nervoso. L'Aragonite arancio è un buon rimedio per i piccoli o grandi traumi emotivi, aiutando a sbloccare i nodi energetici relativi al ciclo di elaborazione dei pensieri e di conseguenza favorisce la concentrazione.

Essendo un ottimo equilibratore energetico, l'Aragonite riesce a stabilizzare i diversi mutamenti dell'anima nel corso della nostra vita, seguendo le varie proprietà insite nelle diverse colorazioni. L'Aragonite, pertanto, aiuta ad aprire uno spiraglio di altruismo, generosità e comprensione nei rapporti con l'altro. Inoltre agisce sul metabolismo, nel caso della varietà bianca o azzurra, equilibrando il sistema nervoso così da alleviare i tremori e movimenti involontari.

La varietà arancio è un ottimo aiuto per il sistema immunitario, favorisce il buon funzionamento del sistema digerente e da forza alle ossa, ai muscoli e alle vertebre.

Con l'Aragonite si possono preparare elisir molto blandi con tutti i metodi di preparazione tramite immersione in acqua o cottura.

Pietra del sole

La pietra del sole è conosciuta anche con il nome di heliolite, il cui significato deriva dal greco "helios" che significa "sole" e da "lithos" che significa "pietra".
La pietra del sole è stata utilizzata nella Grecia antica per rappresentare il Dio Sole, Helios (o Apollo). In Grecia si credeva che la pietra del sole rinvigoriva e miglioriava lo stato del corpo fisico e lo spirito, portando rinnovata salute a entrambi.
Questa gemma particolare è stata apprezzata dagli antichi maghi, che usavano la pietra del sole per attirare la forza del sole associandola al potere e alla ricchezza materiale. Le proprietà della pietra del sole sono note per la sua potente connessione alla luce e la potenza del sole, conferendo un carattere solare. Essa porta la luce a tutte le situazioni ed è una pietra ottimale per il secondo chakra in particolare e per tutti i chakra in generale. E' una pietra potente per dissipare paure e fobie di ogni genere, aumenta volontà, così come l'energia vitale personale.
Essa può fornire la capacità di resistenza e l'energia necessari per intraprendere progetti e attività che possono trovare ostacoli oggettivi. Ottima per la cronicità del mal di gola e per alleviare il dolore delle ulcere gastriche. Usata anche per cartilagine, reumatismi e dolori generali. Aiuta anche a trovare e mantenere un proficuo rapporto sessuale.

Portata a stretto contatto, stimola il potere personale di attrazione.

La proprietà della pietra del sole vengono esaltate se utilizzata assieme alla pietra di luna, specie nei solstizi, nei rituali personali, nei lavori energetici e incantesimi. Insieme rappresentano l'equilibrio di potere tra le caratteristiche fisiche e le caratteristiche psichiche e spirituali.

La pietra del sole è molto utile nella rimozione di legami energetici o fili karmici da altre persone o cose, e si rivela pietra fondamentale nella cristalloterapia dato l'incremento energetico che può aggiungere ad altre pietre.

Topazio

Il topazio è un cristallo legato alla verità e alla capacità di perdonare. È simbolo di castità, felicità, amicizia vera e speranza. Aiuta chi lo indossa a trovare il proprio scopo nella vita, a essere più consapevole dei propri pensieri, sentimenti e azioni e, non ultimo, dei loro effetti karmici. In questo modo, il topazio è in grado di attivare la nostra consapevolezza cosmica. Rimuovendo le energie stagnanti, dirige la forza del corpo in quei luoghi in cui più è necessario e aiuta a rilasciare la tensione, promuovendo sentimenti di gioia e di felicità.
Le capacità di guarigione del minerale sono correlate al rinnovamento fisico e spirituale.
Il topazio nella sua forma più pura è trasparente, ma raramente in questa modalità è disponibile in natura. Le impurità presenti all'interno del reticolo cristallino sono responsabili delle diverse colorazioni della pietra. I cristalli di topazio sono in genere gialli, ma possono essere anche bianchi, grigi, dorati, verdi, blu, rosa, bruni, trasparenti o semitrasparenti. Quando irradiato, il topazio può passare da tonalità chiare fino a colori più scuri e intensi. La varietà di topazio giallo oro è conosciuta come topazio imperiale. Quello trasparente è invece normalmente chiamato topazio bianco. La pietra si trova in molti posti del mondo, come i Monti Urali in Russia, in Afghanistan, nella Repubblica Ceca, in Norvegia, in Germania, in Pakistan, in Italia, in Svezia, in Giappone, in Brasile, in Messico e negli Stati Uniti.

Il minerale è di materiale silicato fatto di alluminio, silicio e fluoro. Il nome si pensa derivi da un termine greco che indica una delle isole più antiche del Mar Rosso, Topazios, famosa per le pietre gialle che vi si trovavano. A quanto pare, però, pare che questa località fosse ricca di gemme di crisolito anziché di topazio, quindi la derivazione del nome è impropria.

- Il topazio è una delle dodici pietre del pettorale degli antichi sommi sacerdoti ebraici, così come menzionato nel libro dell'Esodo. Si ritiene che le pietre del pettorale, insieme a 12 potenti angeli, proteggano la porta dei Cieli.
- La pietra aiuta a mantenere un punto di vista pratico nell'affrontare la vita, puntando alle soluzioni più efficaci per qualsiasi problema o situazione, senza perdere tempo. Il cristallo può essere indicato anche nella meditazione quotidiana e nella visualizzazione. Può aprire le porte verso l'energia universale e donare coraggio, volontà e forza di apportare le modifiche necessarie alla propria esistenza.

Il cristallo di topazio, soprattutto se di elevata purezza e trasparenza, è un vettore di energia solare e maschile: per questo può aprire e bilanciare un certo numero di chakra. Potente per rafforzare tutto il corpo, riequilibra, lenisce e purifica emozioni e pensieri, rilasciando lo stress e apportando gioia. Dal punto di vista spirituale, questa pietra regala amore e pace.

www.ingramcontent.com/pod-product-compliance
Lightning Source LLC
Chambersburg PA
CBHW071258040426
42444CB00009B/1776